Bibliografische Information der Deutschen Nationalbibliothek:

Die Deutsche Bibliothek verzeichnet diese Publikation in der Deutschen National-
bibliografie; detaillierte bibliografische Daten sind im Internet über http://dnb.d-
nb.de/ abrufbar.

Impressum:

Copyright © 2017 GRIN Verlag, Open Publishing GmbH
Druck und Bindung: Books on Demand GmbH, Norderstedt Germany
ISBN: 9783668616868

Dieses Buch bei GRIN:

https://www.grin.com/document/387360

Anonym

Kosten- und Nutzenanalyse von betrieblichem Gesundheitsmanagement

GRIN Verlag

GRIN - Your knowledge has value

Der GRIN Verlag publiziert seit 1998 wissenschaftliche Arbeiten von Studenten, Hochschullehrern und anderen Akademikern als eBook und gedrucktes Buch. Die Verlagswebsite www.grin.com ist die ideale Plattform zur Veröffentlichung von Hausarbeiten, Abschlussarbeiten, wissenschaftlichen Aufsätzen, Dissertationen und Fachbüchern.

Besuchen Sie uns im Internet:

http://www.grin.com/

http://www.facebook.com/grincom

http://www.twitter.com/grin_com

Inhaltsverzeichnis

Abkürzungsverzeichnis

ArbSchG	Arbeitsschutzgesetz
BGM	Betriebliches Gesundheitsmanagement
KMU	Kleine und mittlere Unternehmen
ROI	Return on Investment

Abbildungs- und Tabellenverzeichnis

Formelverzeichnis

1 Einleitung

Die vorliegende Arbeit untersucht die Kosten und den Nutzen von betrieblichem Gesundheitsmanagement bei der Stadt S. Dazu soll zunächst in diesem Kapitel eine thema-
tische Einführung gegeben und außerdem der Gang und das Ziel dieser Arbeit vorgestellt werden.

1.1 Thematische Einführung

Im Zuge des demografischen Wandels altert und schrumpft die Bevölkerung. Der Anteil
älterer Erwerbstätiger[1] wird zudem zunehmen.[2] So wird z. B. bis zum Jahr 2040 erwartet, dass sich die Bevölkerung im Erwerbsalter (20 bis 64 Jahre) um 9 Millionen gegenüber 2013 reduzieren wird.[3] Je älter die Erwerbstätigen, desto mehr nimmt das Risiko
vermehrter Krankenstände zu.[4]

Vor allem Großunternehmen haben dies erkannt und setzen auf betriebliches Gesundheitsmanagement (im Folgenden BGM), bei kleinen und mittleren Unternehmen
(KMU) gestaltet sich der Prozess schwieriger.[5]

Neben der Reduzierung von krankheitsbedingten Fehlzeiten kann die Förderung der
Gesundheit auch zu einer erhöhten Produktivität, Arbeitszufriedenheit und Motivation
der Beschäftigten führen.[6]

Obwohl der Anbietermarkt für Gesundheitsförderung aller Qualitätsebenen voll ist[7] und
viele Anbieter kaum über die erforderlichen professionellen Kenntnisse verfügen[8],
bleibt seit vielen Jahren die Evaluation der Maßnahmen des BGM defizitär. Zwar steigt
die Anzahl der Unternehmen, die ihr BGM einer Erfolgskontrolle unterziehen an, eine
ökonomische Erfolgskontrolle findet dabei aber nur selten statt (6 Prozent). Dies mag
einerseits daran liegen, dass die Kausalität zwischen Maßnahme und Nutzen nicht fest-

[1] Aus Gründen der besseren Lesbarkeit wird auf die gleichzeitige Verwendung männlicher und weiblicher
Sprachformen verzichtet. Alle Personenbezeichnungen gelten gleichwohl für beiderlei Geschlecht.
[2] Vgl. *Badura, B., Walter, U., Hehlmann, T.*, Betriebliche Gesundheitspolitik, 2010, S. 20 f.
[3] Vgl. *Statistisches Bundesamt*, Bevölkerung bis 2060, 2015, S. 22.
[4] Vgl. *Statistisches Bundesamt, Wissenschaftszentrum Berlin für Sozialforschung*, Datenreport, 2016, S.
276 ff.
[5] Vgl. *Hannig, M., Bacher, I.*, Kleinbetriebe, 2016, S. 23.
[6] Vgl. *Froböse, I., Wellmann, H., Weber, A.*, Betriebliche Gesundheitsförderung, 2012, S. 36 f.
[7] Vgl. *Potuschek, G., Karl, F.*, Begleitung bei BGF, 2014, S. 29.
[8] Vgl. *Ulich, E., Wülser, M.*, Gesundheitsmanagement, 2015, S. 433.

2

gestellt werden kann, und andererseits, dass positive Effekte, wie z. B. die erhöhte Arbeitszufriedenheit der Beschäftigten, nur schwer einer direkten monetären Erfassung zugänglich sind.[9]

Für die Berücksichtigung „weicher" Faktoren spricht, dass diese durch BGM veränderbar sind und ebenfalls mit dem ökonomischen Nutzen in Verbindung stehen. So wird beispielsweise die Veränderung des Betriebsklimas oder eine erhöhte Identifikation der Beschäftigten mit dem Unternehmen genauso zum Erfolgsfaktor wie ein reduzierter Krankenstand im Unternehmen.[10]

1.2 Ziel der Arbeit

Ziel der vorliegenden Arbeit ist es, eine Evaluierung – die bislang bei der Stadt S noch nicht vorgenommen wurde – durchzuführen, um die Wissenslücke zwischen einer Verbesserung des Wohlbefindens, der Gesundheit und dem wirtschaftlichen Erfolg zu füllen. Dazu sollen die Forschungsfragen „Welcher Nutzen entsteht durch das BGM bei der Stadt S?", unterteilt in gesundheitliche Aspekte sowie weiche Faktoren und „Welche Kosten entsteht durch das BGM bei der Stadt S?" beantwortet werden.

1.3 Gang der Arbeit

Um die erste Forschungsfrage bearbeiten zu können, ist eine Analyse der Krankheitsstatistiken der Stadt S unumgänglich. Es wird untersucht, ob und wenn ja in welchem Ausmaß die krankheitsbedingten Fehlzeiten seit der Teilnahme an bestimmten Maßnahmen des BGM zurückgegangen sind. Dazu werden ebenfalls Interviews mit einzelnen Teilnehmern der Maßnahmen des BGM durchgeführt. Diese sollen ihre Eindrücke, die Auswirkungen etc. schildern, um den anderweitigen Nutzen der Maßnahmen zu verdeutlichen. Die Ergebnisse sollen auch die Forschungsfrage hinsichtlich des weiteren Nutzens beantworten.

Hinsichtlich der Kosten wurden Daten von der Stadt S angefordert. Nur mit diesen kann eine Kosten-Nutzen-Analyse durchgeführt werden.

---

[9] Vgl. *Froböse, I., Wellmann, H., Weber, A.*, Betriebliche Gesundheitsförderung, 2012, S. 14.
[10] Vgl. *Fritz, S.*, Ökonomischer Nutzen, 2006, S. 17 f.

Da das BGM durch die gesellschaftlichen Veränderungen angestoßen wurde, wird zunächst auf den demografischen Wandel und neue Arbeitswelten eingegangen (Kapitel 2). Einerseits steigt das Alter der Beschäftigten durchschnittlich an, andererseits erhöhen sich die Arbeitsanforderungen stetig, was zu einer sich verändernden Arbeitswelt führt. Dies hat Auswirkungen auf die Gesundheit der Beschäftigten.

Darauf folgend wird in Kapitel 3 auf das BGM eingegangen, wobei zunächst der Begriff der Gesundheit erläutert wird. Es folgen die Ziele und die jeweiligen Ansätze, wobei klassische und neue Ansätze unterschieden werden.

Um die theoretischen Grundlagen zur Beantwortung der Forschungsfragen legen zu können, wird in Kapitel 4 die Wirtschaftlichkeit des BGM besprochen. Dazu wird zunächst auf Kennzahlen eingegangen, die erhoben werden können. Diese unterteilen sich in harte und weiche Kennzahlen. Danach wird die Kosten-Nutzen-Analyse thematisiert und auf den Return on Investment eingegangen.

Im praktischen Teil wird der Fokus auf die Kosten und den Nutzen für die Stadt S gelegt, um diese anschließend zu analysieren. Beim Nutzen wird zwischen harten und weichen Kennzahlen unterschieden. Hierzu werden die Krankheitsstatistiken aus verschiedenen Jahren miteinander verglichen. Um den Nutzen der weichen Kennzahlen für die Stadt S ermitteln zu können, werden Interviews mit Beschäftigten geführt, die bereits an Maßnahmen des BGM teilgenommen haben. Die Interviews werden nach der qualitativen Inhaltsanalyse nach Mayring untersucht.

2 Gesellschaftliche Veränderungen

Das folgende Kapitel beschäftigt sich mit Veränderungen, die aufgrund des demografischen Wandels und neuer Arbeitswelten bereits stattgefunden haben oder noch stattfinden werden. Diese wirken sich auf die gesamte Gesellschaft und somit auch auf Unternehmen und Arbeitgeber aus.

2.1 Demografischer Wandel

Der demografische Wandel führt in Deutschland zu einer Schrumpfung der Bevölkerung, während diese immer älter wird. Dies liegt einerseits daran, dass die Anzahl der Geburten gering ist, andererseits an der ständig steigenden Lebenserwartung.

Während im bisher geburtenstärksten Jahr 1964 noch mehr als 1,3 Millionen Kinder auf die Welt kamen, wurden im geburtenschwächsten Jahr 2011 nur knapp 663.000 Geburten verzeichnet.[11] Zwar stieg die Anzahl der Geburten seitdem wieder an (2015 wurden mit mehr als 737.000 Kindern so viele geboren wie seit 2000 nicht mehr), die Anzahl der Gestorbenen übertraf die Geburten allerdings um mehr als 180.000.[12] Die künftige Entwicklung der Geburten ist auch maßgeblich von der Zuwanderung abhängig. So rechnet Flato mit einem Rückgang auf 500.000 Geburten im Jahr 2030.[13]

Während die Geburten gering sind und die Lebenserwartungen steigen, verändert sich die Altersstruktur gravierend. So wird schon bis zum Jahr 2030 erwartet, dass der Anteil der Menschen im Erwerbsalter auf 51 Prozent sinken wird und bereits jeder Dritte mindestens 65 Jahre alt sein wird.[14] Auch der Anteil älterer Altersgruppen an der Erwerbsbevölkerung wird zunehmen. So wird davon ausgegangen, dass die Erwerbstätigen über 50 Jahre ab dem Jahr 2020 den größten Anteil (39 Prozent) an der Erwerbsbevölkerung haben werden.[15]

Ein weiterer Faktor ist die Zu- und Abwanderung, die vor allem von anderen Kontinenten erfolgen müsste, da Mittel- und Südeuropa ebenfalls von der demografischen Ent-

---

[11] Vgl. *Troger, H.*, Wirksames Personalmanagement, 2016, S. 3 ff.
[12] Vgl. *Statistisches Bundesamt*, Bevölkerung, 2017, S. 1.
[13] Vgl. *Flato, E., Reinbold-Scheible, S.*, Personalmanagement, 2009, S. 16 f.
[14] Vgl. *Statistisches Bundesamt*, Bevölkerung bis 2060, 2015, S. 17.
[15] Vgl. *Richenhagen, G.*, Demografischer Wandel, 2006, S. 54.

wicklung betroffen sind.[16] Für das Jahr 2015 war die Zuwanderung nach Deutschland so hoch wie nie zuvor. Demnach konnte ein Wanderungsüberschuss von mehr als 1,1 Millionen Menschen verzeichnet werden. Rund 45 Prozent hiervon waren Personen aus der Europäischen Union.[17]

Demografie ist in vielen Unternehmen bereits seit langer Zeit ein Thema geworden, obwohl die größten Auswirkungen noch bevor stehen. Von den DAX-30-Unternehmen beschäftigten sich bereits 2010 57 Prozent mit der „Mitarbeiter-Demografie". Im Jahr 2000 hingegen war bei 83 Prozent der Unternehmen Demografie noch kein Thema.[18]

Die Alterung der Erwerbsbevölkerung hat einen entscheidenden Einfluss auf die krankheitsbedingten Fehlzeiten in einem Unternehmen. Zwar verringert sich die Anzahl der Krankmeldungen mit zunehmendem Alter kontinuierlich, jedoch steigt die durchschnittliche Dauer der Arbeitsunfähigkeit an, was insgesamt zu vermehrten Krankenständen im Alter führt.[19] Für die Unternehmen führt dies zur Konsequenz, dass der Wettbewerb um junge Nachwuchskräfte steigt, um der Verringerung der Leistungsfähigkeit durch krankheitsbedingte Ausfälle entgegenzuwirken. Durch Altersstrukturanalysen lassen sich die krankheitsbedingten Fehlzeiten für die kommenden Jahre recht gut vorhersagen, es sei denn, es gelingt, die Gesundheit der Beschäftigten zu erhöhen.[20]

2.2 Neue Arbeitswelten

Bereits seit vielen Jahren verändert sich die Arbeitswelt. So nehmen produktionsnahe Tätigkeiten (z. B. aus der Güterproduktion) ab, während der Dienstleistungssektor wächst. Vor allem wissensbasierte Tätigkeiten nehmen am stärksten zu, aber auch Tätigkeiten in der Verwaltung und Organisation sowie Dienstleistungstätigkeiten.[21]

Dieser Prozess bedingt auch, dass der Anteil an körperlicher Arbeit abnimmt. Zusätzlich hierzu führt die Mechanisierung dazu, dass vor allem schwere körperliche Arbeit nur noch vereinzelt notwendig ist. Meistens beschränken sich die körperlichen Tätigkeiten auf leichte bis mittelschwere Arbeiten. Da Fertigungsprozesse bei der Mechanisierung

[16] Vgl. *Walter, N.*, Europa schrumpft, 2013, S. 2 ff.
[17] Vgl. *Statistisches Bundesamt*, Höchststände bei Zuwanderung, 2016, S. 1.
[18] Vgl. *Sander, E.*, Demografie, 2014, S. 30.
[19] Vgl. *Meyer, M., Meschede, M.*, Krankheitsbedingte Fehlzeiten, 2016, S. 262 ff.
[20] Vgl. *Badura, B., Walter, U., Hehlmann, T.*, Betriebliche Gesundheitspolitik, 2010, S. 21 f.
[21] Vgl. *Badura, B., Walter, U., Hehlmann, T.*, Betriebliche Gesundheitspolitik, 2010, S. 16 f.

entsprechend den technischen Anforderungen angepasst werden, sind zusätzliche oder unerwartet auftretende Arbeiten manuell durch Beschäftigte durchzuführen. Die Arbeitsbedingungen sind in diesen Fällen zumeist ungünstig, was zu einer persönlichen Verausgabung führt. Kurzfristig können diese ungünstigen Bedingungen zwar ausgeglichen werden, auf lange Sicht hingegen werden allerdings Erkrankungen die Folge sein. Dass die Arbeitsausfälle aufgrund von Muskel-Skeletterkrankungen (weiterhin) als hoch zu beziffern sind, liegt an der Unterforderung der Skelettmuskulatur und der fehlenden körperlichen Aktivität.[22] So arbeitet bereits europaweit fast jeder fünfte Beschäftigte ständig am Computer.[23] Jedoch sind die Gründe für Rückenbeschwerden nicht mehr nur hierauf zurückzuführen. Durch den stetigen Leistungsdruck auf die Beschäftigten und die somit erhöhte Belastung können solche Probleme auch auf Stress zurückzuführen sein.[24]

Durch den Wandel zum Dienstleistungssektor erhöht sich die psychosoziale Belastung der Beschäftigten, was sich in der erhöhten Zahl psychischer Erkrankungen widerspiegelt.[25] Vor allem durch die Globalisierung und den daraus entstehenden Wettbewerb steigt der Kostendruck. Dies führt zu einem möglichst geringen Personalbestand und entsprechend hoher Belastung (z. B. Leistungsdruck) auf einzelne Beschäftigte.[26] Durch die von Unternehmen geforderte Einsatzbereitschaft der Beschäftigten sind 50-Stunden-Wochen nicht mehr selten. Auch die Erreichbarkeit oder das Arbeiten in der Freizeit führen zu einer Störung der Work-Life-Balance und zu Belastungen für Beschäftigte, da zwischen Belastung und Erholung nicht mehr ausreichend gewechselt wird.[27] Psychische Belastungen können auch zu körperlichen Erkrankungen führen, wenn sich diese durch eine angespannte Haltung zeigen. Dies führt zunächst zu Verspannungen des Skelett- und Muskelsystems und kann dann entsprechende Erkrankungen auslösen.[28]

Die Zahl der Arbeitsunfälle sinkt seit einigen Jahren. So konnten diese bis 2003 um ca. 45 Prozent gegenüber 1992 verringert werden. Auch tödliche Arbeitsunfälle kommen

[22] Vgl. *Jancik, J. M.*, Betriebliches Gesundheitsmanagement, 2002, S. 35 f.
[23] Vgl. *Froböse, I., Wellmann, H., Weber, A.*, Betriebliche Gesundheitsförderung, 2012, S. 28.
[24] Vgl. *Flato, E., Reinbold-Scheible, S.*, Personalmanagement, 2009, S. 152.
[25] Vgl. *Froböse, I., Wellmann, H., Weber, A.*, Betriebliche Gesundheitsförderung, 2012, S. 29.
[26] Vgl. *Ahlers, E.*, Möglichkeiten und Grenzen BGF, 2014, S. 36.
[27] Vgl. *Froböse, I., Wellmann, H., Weber, A.*, Betriebliche Gesundheitsförderung, 2012, S. 31.
[28] Vgl. *Jancik, J. M.*, Betriebliches Gesundheitsmanagement, 2002, S. 38.

mittlerweile seltener vor.[29] Laut einer Erhebung der AOK sind kleine Unternehmen mit bis zu 49 Beschäftigten wesentlich anfälliger für Arbeitsunfälle als größere Unternehmen. Da auch die durchschnittliche Dauer der unfallbedingten Abwesenheit dementsprechend variiert, gehen die Autoren davon aus, dass in kleinen Unternehmen häufiger schwere Unfälle passieren.[30]

---

[29] Vgl. *Seidel, D.* u. a., Arbeitsunfälle, 2007, S. 11 ff.
[30] Vgl. *Meyer, M., Meschede, M.*, Krankheitsbedingte Fehlzeiten, 2016, S. 274 f.

3 Betriebliches Gesundheitsmanagement

Dieses Kapitel beschäftigt sich mit dem BGM, weshalb zunächst einmal zu bestimmen ist, was unter Gesundheit zu verstehen ist. Es folgen die gesetzlichen Rahmenbedingungen und die Aufgaben und Ziele des BGM. Ebenso wird auf die Verhaltens- und Verhältnisprävention eingegangen. Zuletzt wird die betriebliche Relevanz dargestellt.

3.1 Gesundheit

Für den Begriff der Gesundheit ist festzustellen, dass bisher keine allgemein gültige Definition existiert. Zu den bekanntesten Definitionen gehört die der World Health Organization (WHO), die Gesundheit „als ein[en] Zustand vollständigen körperlichen, geistigen und sozialen Wohlbefindens" definiert und dabei anmerkt, dass Gesundheit „nicht allein das Fehlen von Krankheit oder Gebrechen" bedeutet.[31]

Dass der Begriff auch anders definiert werden kann, zeigen Badura, Walter und Hehlmann, die Gesundheit bezeichnen als „Fähigkeit zur Problemlösung und Gefühlsregulierung, durch die ein positives seelisches und körperliches Befinden – insbesondere ein positives Selbstwertgefühl – und ein unterstützendes Netzwerk sozialer Beziehungen erhalten oder wieder hergestellt wird."[32]

In der Praxis zeigt sich, dass konkrete Maßnahmen aufgrund der Definition der WHO kaum möglich sind, da sie zu umfangreich ist.[33] Auch ist festzustellen, dass Gesundheit individuell und nicht objektiv wahrgenommen wird. So kann man bereits von Gesundheit sprechen, wenn keine Krankheit vorliegt, für andere hingegen kommt es auf das Befinden der Person an.[34] Bei Befragungen von Unternehmen stellte sich heraus, dass die Befragten mehr Krankheits- als Gesundheitsindikatoren nennen konnten. Ebenfalls fällt auf, dass z. B. Grippesymptome weniger häufig als psychische Indikatoren genannt werden und dass Leistungsindikatoren ebenso Aufmerksamkeit erregen.[35]

Als Handlungsspektrum für ein BGM kommen deshalb die Faktoren Psyche (wie Motivation) und Physis (körperliche Fitness) sowie leistungs- und verhaltensbezogene Indi-

[31] Vgl. *Beivers, A.*, Was ist Gesundheit?, 2014, S. 14 f.
[32] *Badura, B., Walter, U., Hehlmann, T.*, Betriebliche Gesundheitspolitik, 2010, S. 32.
[33] Vgl. *Uhle, T., Treier, M.*, Betriebliches Gesundheitsmanagement, 2015, S. 6.
[34] Vgl. *Jancik, J. M.*, Betriebliches Gesundheitsmanagement, 2002, S. 29.
[35] Vgl. *Ulich, E., Wülser, M.*, Gesundheitsmanagement, 2015, S. 29 f.

katoren wie Produktivität oder Engagement in Betracht. Zuletzt sind auch die Einstellungen, wie z. B. das Selbstwertgefühl der Beschäftigten, zu berücksichtigen.[36]

3.2 Gesetzliche Rahmenbedingungen

Bereits im Jahr 1869 kam es zu den ersten Arbeitsschutzvorschriften, die speziell für Frauen galten. Dennoch musste unter teilweise desolaten Bedingungen gearbeitet werden. Um das Wohl der Arbeiter sicherzustellen, wurde u. a. im Jahre 1884 ein Unfallversicherungsgesetz beschlossen und fünf Jahre später ein Gesetz zur Alterssicherung, die extreme Fortschritte im Bereich des Arbeitsschutzes darstellten.[37]

In den nächsten Jahrzehnten wurde die Situation für die Arbeiter weiter verbessert, was u. a. mit der Festlegung eines 8-Stundenarbeitstages erfolgte. Auch in der Weimarer Verfassung aus 1919 befassten sich mehrere Artikel mit den gesundheitsbedingten Belangen der Arbeiter.[38]

Als im Jahr 1989 Krankenkassen ermächtigt wurden, selbstständig eigene Leistungen zur Förderung und Prävention der Gesundheit anbieten zu dürfen, gelang der Gesundheitsförderung der große Durchbruch. Da entsprechende Angebote der Krankenkassen aber zunächst eher für Marketingzwecke genutzt wurden, wurde für einige Jahre diese Aufgabe den Unfallversicherungsträgern zugewiesen. Mit der Verabschiedung des Arbeitsschutzgesetzes und des Sozialgesetzbuchs VII wurde weiter an einer Verbesserung gearbeitet, mit dem Ziel, Arbeitsunfälle und arbeitsbedingte Gesundheitsgefahren zu vermeiden. Dies führte letztendlich im Jahre 2000 dazu, dass Krankenkassen Präventionsangebote durchführen können und seit 2007 sogar müssen.[39]

Über das derzeitige Arbeitsschutzgesetz (im Folgenden ArbSchG) ist der Arbeitgeber verpflichtet, Unfälle und arbeitsbedingte Gesundheitsgefahren vermeidbar zu machen und die Arbeit menschengerecht zu gestalten. Außerdem ist der Stand der Technik maßgeblich, der sich hier in DIN-EN-ISO Normen darstellt (z. B. maximale Arbeitsplatzkonzentrationswerte). Verpflichtend ist nach dem ArbSchG beispielsweise eine Gefährdungsbeurteilung (§ 5 ArbSchG) oder die arbeitsmedizinische Vorsorge (§ 11

[36] Vgl. *Ulich, E., Wülser, M.*, Gesundheitsmanagement, 2015, S. 25 ff.
[37] Vgl. *Singer, S.*, Entstehung BGM, 2010, S. 37 ff.
[38] Vgl. *Singer, S.*, Entstehung BGM, 2010, S. 40.
[39] Vgl. *Singer, S.*, Entstehung BGM, 2010, S. 42 ff.

ArbSchG). Ebenso muss ein Beschäftigter zur Fachkraft für Arbeitssicherheit geschult werden.[40]

Für das BGM gibt es keine eigene rechtliche Grundlage. In den letzten Jahren wurde jedoch der Arbeitsschutz weiter interpretiert, weshalb auch die Formulierung menschengerechte Arbeitsgestaltung in das ArbSchG eingeflossen ist. Ansonsten finden sich einzelne Vorschriften in den Sozialgesetzbüchern (V, VII und IX), wie z. B. die Verpflichtung für Krankenkassen, Leistungen für die betriebliche Gesundheitsförderung zu erbringen. Das Betriebliche Eingliederungsmanagement, das Teil des BGM ist, wurde verpflichtend im Sozialgesetzbuch IX eingeführt.[41]

3.3 Aufgaben und Ziele

Das Ziel des BGM ist es, die Gesundheit der Beschäftigten zu fördern, Belastungen für diese zu reduzieren und ihre Ressourcen zu stärken. Dazu ist ein systematisches Vorgehen notwendig, weshalb zunächst Änderungen des Leitbildes, der Unternehmenskultur und von Strukturen und Prozessen vorgenommen werden müssen. Diese müssen den strategischen Faktor „Gesundheit der Beschäftigten" verdeutlichen und in den Fokus stellen.[42] Seine Grenzen findet das BGM an dem Punkt, an dem sich die Beschäftigten abgrenzen und nicht mehr bereit sind, an Maßnahmen teilzunehmen.[43]

Die Bereiche des BGM umfassen auch die Betriebliche Gesundheitsförderung, gehen jedoch darüber hinaus: So gehören ebenso die Arbeitssicherheit und der Gesundheitsschutz, die betriebliche Eingliederung, das Personalmanagement und die Unternehmenskultur dazu.[44]

Obwohl, wie bereits beschrieben, die krankheitsbedingten Fehlzeiten im Alter zunehmen, darf das BGM nicht nur bestimmte, ältere Beschäftigtengruppen im Unternehmen fokussieren. So wird es dem Unternehmen später schwerfallen, Fehlentwicklungen der

[40] Vgl. *Blume, A.*, Arbeitsrechtliche Grundlagen, 2010, S. 114 ff.
[41] Vgl. *Koop, M., Potratz, U.*, Betriebliches Gesundheitsmanagement, 2015, o. S.
[42] Vgl. *Altgeld, T.*, Stellenwert des BGM, 2014, S. 300.
[43] Vgl. *Flato, E., Reinbold-Scheible, S.*, Personalmanagement, 2009, S. 152.
[44] Vgl. *Froböse, I., Wellmann, H., Weber, A.*, Betriebliche Gesundheitsförderung, 2012, S. 20 f.

jüngeren Beschäftigten zu korrigieren. Das BGM muss daher auch bei den jungen Beschäftigten angewendet werden.[45]

Neben der Verbesserung der Gesundheit soll das Humankapital des Unternehmens gestärkt werden, was sich in einer erhöhten Akzeptanz der laufenden Arbeit oder einer verbesserten Kommunikation widerspiegelt.[46] Durch die Verringerung der Fehlzeiten sollen die damit verbundenen Qualitätseinbußen vermieden werden.[47] Die Unternehmen versprechen sich ebenfalls eine erhöhte Produktivität, Qualität und Wirtschaftlichkeit. Um sich Legitimität zu verschaffen, muss das BGM die Entwicklung nicht nur in Beschäftigtenhinsicht fördern; mittel- bis langfristig sind auch betriebswirtschaftliche Aspekte zu realisieren. So kann sich beispielsweise die Qualität der angebotenen Produkte und Dienstleistungen erhöhen.[48]

Um diese Ziele erreichen zu können, muss zunächst ein detaillierter Bericht über den Gesundheits- und Krankheitszustand der Belegschaft erfolgen. Dieser kann in einem sogenannten Gesundheitsbericht erstellt werden, der aufzeigen soll, welche Aktivitäten zur Förderung der Gesundheit notwendig sind, wie die Heilung von Krankheiten gefördert und wie das Unternehmen präventiv tätig werden kann.[49] Vor allem psychische Belastungen, die, wie bereits in Kapitel 2.2 beschrieben, stark ansteigen, lassen sich allerdings nur schwer messen. Hier kommt dem BGM die Aufgabe zu, Sensibilisierungsarbeit zu leisten, denn kaum ein Beschäftigter gibt zu, den derzeitigen Arbeitsanforderungen nicht entsprechen zu können. Zwar hat hier die öffentliche Thematisierung von Burnout bereits erste Arbeit geleistet, es zeigt sich aber weiterhin dringender Handlungsbedarf. Die nach § 5 Arbeitsschutzgesetz vorgesehene Gefährdungsbeurteilung, die auch insbesondere auf psychische Belastungen am Arbeitsplatz eingehen soll, wird bisher nur selten genutzt bzw. angewendet.[50]

[45] Vgl. *Flato, E., Reinbold-Scheible, S.*, Personalmanagement, 2009, S. 175.
[46] Vgl. *Badura, B., Walter, U., Hehlmann, T.*, Betriebliche Gesundheitspolitik, 2010, S. 149.
[47] Vgl. *Stasch, M.*, Gesundheitsmanagement, 2004, S. 234.
[48] Vgl. *Badura, B., Walter, U., Hehlmann, T.*, Betriebliche Gesundheitspolitik, 2010, S. 149.
[49] Vgl. *Jancik, J. M.*, Betriebliches Gesundheitsmanagement, 2002, S. 117 f.
[50] Vgl. *Ahlers, E.*, Möglichkeiten und Grenzen BGF, 2014, S. 37.

12

3.4 Verhaltensprävention

Bei der Verhaltensprävention geht es um Maßnahmen, die auf das individuelle Verhalten von Menschen ausgerichtet sind.[51] Ziel ist es, ein sicherheits- und gesundheitsförderliches Verhalten bei den Beschäftigten zu implementieren.[52] Unter betrieblicher Gesundheitsförderung werden zunächst häufig diese Maßnahmen verstanden, weil sie einfach umzusetzen sind und an den Symptomen ansetzen. Zudem erscheinen sie kostengünstiger.[53] Das alleinige Ansetzen an den Symptomen bzw. Beschwerden ist allerdings nicht ausreichend, da die eigentlichen Probleme (Ursachenfaktoren) nicht behoben werden können.[54]

Obwohl die größten Verbesserungen bei einer Kombination aus Verhaltens- und Verhältnisprävention festgestellt wurden, wirkt sich bereits die Verhaltensprävention so aus, dass die Minderung der Arbeitsfähigkeit im Alter zwischen drei und vier Jahren später eintritt.[55]

Zu den Maßnahmen der Verhaltensprävention zählen u. a. Bewegungs- und Ernährungsprogramme sowie Kurse für Rauchentwöhnung und Stressbewältigung.[56] Als problematisch stellen sich die Teilnahmequoten bei den angebotenen Maßnahmen heraus. So gaben von den bei einer Studie befragten Beschäftigten lediglich rund 13 Prozent an, an einer betrieblichen Sportgruppe teilzunehmen, und rund 11 Prozent haben Angebote zur Entspannung und Stressbewältigung genutzt.[57]

Bei einer Studie aus dem Jahr 2008 konnte festgestellt werden, dass Maßnahmen, die die Reduktion gesundheitlicher Belastungen zum Ziel haben, weitaus häufiger eingesetzt werden als Maßnahmen, die zum Aufbau von Ressourcen führen. Außerdem beziehen sich die Maßnahmen doppelt so häufig auf einzelne Personen anstatt auf die Verbesserung von strukturellen Rahmenbedingungen.[58]

---

[51] Vgl. *Luick, R. S.*, Körperliche Belastung am Arbeitsplatz, 2014, S. 196.
[52] Vgl. *Bienert, M. L., Drupp, M., Kirschbaum, V.*, Gesundheitsmanagement, 2009, S. 156.
[53] Vgl. *Baumann, E.*, Gesundheitsförderung in einer Stadtverwaltung, 2010, S. 194.
[54] Vgl. *Uhle, T., Treier, M.*, Betriebliches Gesundheitsmanagement, 2015, S. 149.
[55] Vgl. *Uhle, T., Treier, M.*, Betriebliches Gesundheitsmanagement, 2015, S. 148.
[56] Vgl. *Schraub, E. M.* u. a., Nutzen eines Gesundheitsmanagements, 2009, S. 102.
[57] Vgl. *Zok, K.*, Stellenwert und Nutzen BGF, 2009, S. 92.
[58] Vgl. *Brandl, J., Kugler, A., Eckardstein, D.* von, BGF in der Praxis, 2008, S. 231.

13

Allein die Verhaltensprävention reicht im BGM nicht aus, da nur am Einzelnen ange-
setzt wird. Vielmehr muss auch die Umwelt der Beschäftigten betrachtet werden und
die Verhaltensprävention somit mit den Verhältnissen ergänzt werden.[59]

So zeigt eine Untersuchung von Lenhardt, Elkeles und Rosenbrock aus dem Jahr 1997,
dass eine Rückenschule häufig nicht zu längerfristigen Minderungen der Beschwerden
führt, wenn die Verhältnisse, hier also beispielsweise die Arbeitsstrukturen, verändert
werden. Demzufolge sind für längerfristige Ergebnisse auch verhältnisbezogene Maßnahmen zu empfehlen.[60]

3.5 Verhältnisprävention

Bei der Verhältnisprävention handelt es sich um Maßnahmen, die die Arbeitsbedingungen analysieren, wobei eine klare Trennung zur Verhaltensprävention häufig nicht möglich ist.[61] Ziel ist neben der Sicherheit und Gesundheitsförderung am Arbeitsplatz[62] auch
die Kompetenzförderung der Beschäftigten, wobei sich die Maßnahmen nicht mehr nur
auf arbeitsbezogene Themenfelder beziehen sondern auch auf private Bereiche, wie
z. B. den Übergang in den Ruhestand.[63] Da die Verhältnisprävention an den Wurzeln
und nicht an den Symptomen der Probleme ansetzt, scheint sie eine wirksamere Methode zu sein. Letztendlich kann mehr Nachhaltigkeit erzielt werden, wobei sich eine
Kombination aus Verhaltens- und Verhältnisprävention am besten bewährt.[64]

Zu den Maßnahmen der Verhältnisprävention zählen u. a. die ergonomische Optimie-
rung von Arbeitsplätzen, Vorsorgeuntersuchungen, eine stärkere Sensibilisierung für
das Thema Gesundheit[65], Konzepte zur Work-Life-Balance oder Arbeitspausenmodel-
le.[66] Bei Befragungen von Beschäftigten zeigte sich, dass vor allem Vorsorge- und Gesundheitsuntersuchungen (ca. 61 Prozent) und eine Prüfung der Arbeitsplatzgestaltung
(knapp 50 Prozent) am Häufigsten angeboten bzw. durchgeführt werden. Bei der Abfra-
ge nach der Teilnahme wurde deutlich, dass Beschäftigte größerer Unternehmen häufi-

---

[59] Vgl. *Esslinger, A. S., Emmert, M., Schöffski, O.*, Betriebliches Gesundheitsmanagement, 2010, S. 7.
[60] Vgl. *Ulich, E., Wülser, M.*, Gesundheitsmanagement, 2015, S. 15 f.
[61] Vgl. *Luick, R. S.*, Körperliche Belastung am Arbeitsplatz, 2014, S. 196.
[62] Vgl. *Bienert, M. L., Drupp, M., Kirschbaum, V.*, Gesundheitsmanagement, 2009, S. 156.
[63] Vgl. *Baumanns, R.*, Unternehmenserfolg durch BGM, 2009, S. 37.
[64] Vgl. *Baumann, E.*, Gesundheitsförderung in einer Stadtverwaltung, 2010, S. 194.
[65] Vgl. *Schraub, E. M. u. a.*, Nutzen eines Gesundheitsmanagements, 2009, S. 102.
[66] Vgl. *Uhle, T., Treier, M.*, Betriebliches Gesundheitsmanagement, 2015, S. 155.

ger an Maßnahmen teilnehmen. Besonders bei Gesundheitsuntersuchungen und der Prüfung der Arbeitsplatzgestaltung war die Beteiligungsquote der Beschäftigten hoch.[67] Die Wirksamkeit solcher Maßnahmen (hier bei Muskel-Skelett-Erkrankungen) ist weitaus schwieriger als bei verhaltenspräventiven Maßnahmen festzustellen. So kamen Kramer, Sockoll und Bödeker zu dem Ergebnis, dass bei weniger als einem Drittel der einbezogenen Studien die Wirksamkeit von Maßnahmen aus der Verhältnisprävention untersucht wurde.[68]

3.6 Betriebliche Relevanz von Gesundheitsmanagement

Trotz der fortgeschrittenen Technologisierung wird der weitaus größte Teil des Sozialprodukts durch menschliche Arbeit erwirtschaftet.[69] Fallen die Beschäftigten, wie im Bundesdurchschnitt 2014, 14 Tage krankheitsbedingt aus, ergibt dies bereits einen volkswirtschaftlichen Produktionsausfall in Höhe von 57 Milliarden Euro.[70]

Vor allem aus dem angelsächsischen Sprachraum, besonders aus den USA, liegen Studien über den ökonomischen Nutzen von Maßnahmen des betrieblichen Gesundheitsmanagements bzw. der betrieblichen Gesundheitsförderung vor. Diese beziehen sich hier auf Einsparungen bei den Krankheitskosten und den krankheitsbedingten Fehlzeiten. Kramer, Sockoll und Bödeker stellen bei einer Auswertung mehrerer Studien aus der USA fest, dass die Krankheitskosten und die krankheitsbedingten Fehlzeiten um durchschnittlich mehr als 26 Prozent verringert werden konnten.[71] Durch die Senkung der Arbeitsunfähigkeitstage verringern sich auch die Kosten für die jeweiligen Unternehmen, da sie neben der besseren Produktion weniger von Lohnfortzahlung, Ersatzbeschaffung von Arbeitskräften oder Fluktuation betroffen sind.[72]

Für Unternehmen ist der langfristige Erfolg wichtig, der entscheidend von der Produktivität der Beschäftigten abhängt. Außerdem müssen die Beschäftigten ihre Ressourcen nutzen können und wollen.[73] Da nicht alle Faktoren, die den Krankenstand beeinflussen,

[67] Vgl. Zok, K., Stellenwert und Nutzen BGF, 2009, S. 89 ff.
[68] Vgl. Kramer, I., Sockoll, I., Bödeker, W., Evidenzbasis für BGF, 2009, S. 70.
[69] Vgl. Schraub, E. M. u. a., Nutzen eines Gesundheitsmanagements, 2009, S. 101.
[70] Vgl. Bundesanstalt für Arbeitsschutz und Arbeitsmedizin, Arbeitswelt im Wandel, 2016, S. 43.
[71] Vgl. Kramer, I., Sockoll, I., Bödeker, W., Evidenzbasis für BGF, 2009, S. 72 f.
[72] Vgl. Baumanns, R., Unternehmenserfolg durch BGM, 2009, S. 41 ff.
[73] Vgl. Jancik, J. M., Betriebliches Gesundheitsmanagement, 2002, S. 13 f.

vom Unternehmen kontrolliert werden können und da Spielräume für eine Verringerung des Krankenstandes häufig gering sind, kann diese Verringerung nicht alleiniger Erfolgsfaktor für das BGM sein. Vielmehr sind auch „weiche" Faktoren, wie die Einsatzbereitschaft, Kommunikation etc., zu berücksichtigen.[74] Diese wirken sich letztlich auch positiv auf die Produktivität aus und führen zu deren Steigerung. Außerdem kann eine Verbesserung der Kundenzufriedenheit erreicht werden, was vor allem in der Dienstleistungsbranche von hohem Nutzen ist. Durch die verbesserte Motivation und Kommunikation sowie eine höhere Einsatzbereitschaft erhöhen sich die Beratungsqualität und der Service.[75]

Neben den genannten Bereichen hat das BGM auch noch weitere Vorteile. Es kann beispielsweise vom Unternehmen als Personalmarketing genutzt werden, das sich auf die eigenen Beschäftigten und potenzielle Mitarbeiter bezieht. In Zeiten des demografischen Wandels und des Fachkräftemangels wird es für die Unternehmen immer wichtiger, bestehendes Personal zu binden und neue Talente zu rekrutieren.[76]

Um auch im Zuge des „War of talents" (Kampf um Nachwuchstalente) an geeignetes Personal zu gelangen, achten bereits viele Unternehmen auf ihre Arbeitgebermarke (Employer Brand). Ziel ist es, sich von anderen Unternehmen zu unterscheiden und bei möglichen Bewerbern eine Präferenzbildung zu schaffen.[77] Vor allem für junge Menschen sind auch die nicht-monetären Bereiche, wie z. B. das Arbeitsumfeld, wichtig. Hierzu zählt auch das BGM, weshalb es Einfluss auf die Arbeitgeberattraktivität hat.[78]

Obwohl laut einer Studie der AOK Bayern für die Generationen Babyboomer und Y die Gesundheit mit mehr als 90 Prozent Zustimmung am wichtigsten ist,[79] kommen App, Büttgen und Pröpster in ihrer Studie nicht zu dem Ergebnis, dass ein in einem Karriereflyer kommuniziertes BGM signifikant positive Effekte auf die Arbeitgeberattraktivität hat. Sie gehen lediglich von positiven Tendenzen aus, wobei vor allem bei Frauen der Arbeitgeber dann attraktiver wirkt.[80]

---

[74] Vgl. *Fritz, S.*, Ökonomischer Nutzen, 2006, S. 12 f.
[75] Vgl. *Lück, P., Eberl, G., Bonitz, D.*, Nutzen von BGM, 2009, S. 80 ff.
[76] Vgl. *Hey, P.*, Personalmarketing, 2014, S. 52 ff.
[77] Vgl. *Latzel, J.* u. a., Marke, 2015, S. 22.
[78] Vgl. *Winter, W., Grünewald, C.*, Arbeitgeberattraktivität, 2016, S. 225 ff.
[79] Vgl. *AOK*, Babyboomer, ohne Datumsangabe, S. 1.
[80] Vgl. *App, S., Büttgen, M., Pröpster, S.*, Arbeitgeberattraktivität, 2012, S. 16 ff.

Intern beziehen sich die Aktivitäten des Employer Brandings auf die derzeit im Unternehmen Beschäftigten. Wie bereits beschrieben sind Produktivitätssteigerungen, Qualitätsverbesserungen und eine niedrigere Fluktuationsquote möglich.[81] Die Beschäftigten sind aber auch als Werbeträger oder Markenbotschafter zu sehen, da sie am kompetentesten über ihren Arbeitgeber berichten können.[82]

[81] Vgl. *Mattmüller, R., Buschmann, A.*, Marketing, 2015, S. 6 f.
[82] Vgl. *Latzel, J.* u. a., Marke, 2015, S. 39.

4 Wirtschaftlichkeit des BGM

In diesem vierten Kapitel wird die Wirtschaftlichkeit angesprochen. Dazu wird zunächst auf Kennzahlen eingegangen, die sich in harte und weiche Kennzahlen unterscheiden lassen. Zur Berechnung einzelner Kennzahlen werden Formeln besprochen. Ebenfalls wird auf die Kosten-Nutzen-Analyse und den Return on Investment eingegangen.

4.1 Kennzahlen

Kennzahlen sollen das Management über bestimmte Sachverhalte bzw. Entwicklungen informieren. Sie sollen eine schnelle und umfassende Informationsaufnahme möglich machen[83] und dazu beitragen, das Unternehmen steuern und kontrollieren zu können.[84]

Kennzahlen können einen bestimmten Sachverhalt in Maßzahlen oder Verhältniszahlen angeben. Maßzahlen sind einfache Mengengrößen, die beispielsweise darstellen, wie viele Personen beim Unternehmen beschäftigt sind. Verhältniszahlen können in Gliederungszahlen und Beziehungszahlen unterschieden werden. Bei den Gliederungszahlen wird eine Teilgröße in Beziehung zur Gesamtgröße gesetzt. So kann beispielsweise in öffentlichen Verwaltungen erhoben werden, wie hoch der Anteil der Angestellten am gesamten Personal ist. Um Beziehungszahlen zu generieren, werden verschiedene, inhaltlich unterschiedliche Maßzahlen miteinander in Verbindung gesetzt, wodurch beispielsweise zu ermitteln ist, wie viel Quadratmeter Bürofläche pro Beschäftigtem zur Verfügung steht.[85]

Durch entsprechende Kennzahlen kann eine präzise Berichterstattung erfolgen, die zwar eine gezielte, aber eher selten ausgewogene Information darstellt. Um auch dies sicherzustellen, muss ein Kennzahlensystem gebildet werden, indem verschiedene einzelne Kennzahlen in Beziehung zueinander gestellt werden.[86]

Um eine Erfolgskontrolle möglich zu machen, erhalten Kennzahlen für das BGM eine immer größer werdende Relevanz. Sie stellen die zweite Stufe nach der Einholung von

---

[83] Vgl. *Eisenberg, S., Eisenberg, D., Littkemann, J.*, Personalcontrolling, 2006, S. 535 f.
[84] Vgl. *Froböse, I., Wellmann, H., Weber, A.*, Betriebliche Gesundheitsförderung, 2012, S. 84.
[85] Vgl. *Bachmann, P.*, Controlling, 2009, S. 182.
[86] Vgl. *Lachnit, L., Müller, S.*, Unternehmenscontrolling, 2012, S. 291.

sogenannten Best-Practise-Beispielen dar, um zu ermitteln, ob diese Beispiele eine positive Wirkung im Unternehmen erzeugen konnten.[87]

Während Kennzahlen, die Rückschlüsse auf die Finanzlage eines Unternehmens erlauben (z. B. Umsatz oder Gewinn), weit verbreitet sind, steht die Bildung von Kennzahlen für die gesundheitliche Förderung der Beschäftigten noch am Anfang. Ein alleiniges Zurückgreifen auf Finanzkennzahlen, um die Effekte des BGM zu erkennen, reicht jedenfalls nicht aus.[88] Es sollte also beispielsweise neben dem Krankenstand auch der Nutzen aus der Zufriedenheit der Mitarbeiter berücksichtigt werden. Eine entsprechende Evaluation führt auch zu besseren Argumenten gegenüber der Unternehmensleitung, da der Nutzen zahlenbasiert dargestellt werden kann.[89]

Die Bildung von Kennzahlen für den Personalbereich (Personalcontrolling) ist bereits seit vielen Jahren weit verbreitet. Viele Kennzahlen werden automatisiert von Personalinformationssystemen erhoben und bereitgestellt, weshalb keine zusätzlichen Kosten für diese anfallen. Da der Schwerpunkt hier beim Personal gesetzt wird, kann dies durch Kennzahlen nicht vollends umfasst werden.[90]

[87] Vgl. *Froböse, I., Wellmann, H., Weber, A.*, Betriebliche Gesundheitsförderung, 2012, S. 84.
[88] Vgl. *Froböse, I., Wellmann, H., Weber, A.*, Betriebliche Gesundheitsförderung, 2012, S. 85.
[89] Vgl. *Fritz, S.*, Ökonomischer Nutzen, 2006, S. 14 ff.
[90] Vgl. *Eisenberg, S., Eisenberg, D., Littkemann, J.*, Personalcontrolling, 2006, S. 521 ff.

4.1.1 Harte Kennzahlen

Harte Kennzahlen sind entweder direkt monetär bewertet oder lassen eine solche Bewertung mit geringem Aufwand zu.[91] Sie sind leichter zu ermitteln und zu beurteilen als weiche Kennzahlen.[92]

Abbildung 1: Übersicht harte Kennzahlen

Quelle: Eigene Darstellung[93]

Die Fehlzeiten können mit folgender Formel berechnet werden:

Formel 1: Fehlzeiten[94]

$$\text{Fehlzeiten} = \frac{\text{Anzahl „kranker" MA pro Zeiteinheit}}{\text{Anzahl der MA}} \times 100\% \qquad (1)$$

---

[91] Vgl. *Froböse, I., Wellmann, H., Weber, A.*, Betriebliche Gesundheitsförderung, 2012, S. 100.
[92] Vgl. *Weber, M.*, Kennzahlen, 2006, S. 90.
[93] Vgl. *Froböse, I., Wellmann, H., Weber, A.*, Betriebliche Gesundheitsförderung, 2012, S. 100 ff.; *Schübbe, F.*, Kennzahlen im HR-Management, 2012, S. 48.; *Weber, M.*, Kennzahlen, 2006, S. 90.; *Schmeisser, W., Sobierajczyk, P., Zinn, A.*, Personalcontrolling, 2014, S. 50 ff.
[94] Vgl. *Klingler, U.*, Personalkennzahlen, 2005, S. 101.

Das Hauptargument für die Einführung eines BGM ist wohl das Streben nach verringerten Fehlzeiten[95], wobei eine alleinige Fokussierung auf diese als Erfolgsfaktor nicht ausreichend ist.[96] Bei der Erhebung ist zu berücksichtigen, dass unter den Begriff der Fehlzeiten auch Gründe fallen, die für die hier beabsichtigte Auswertung nicht notwendig sind. Zu analysieren sind die Fehlzeiten, die vom Beschäftigten verursacht werden, nicht planbar sind und vom Unternehmen bezahlt werden müssen. Darunter fallen Krankheiten, Unfälle und Kuren sowie Mutterschutzfristen. Sind die (krankheitsbedingten) Fehlzeiten ermittelt, gilt es, die Daten zu interpretieren. So können beispielsweise die Fehlzeiten verschiedener Abteilungen betrachtet oder mit anderen Unternehmen verglichen werden. Ebenso könnte nach Auffälligkeiten bei Betrachtung der Beschäftigtenstruktur (z. B. Alter) gesucht werden.[97]

Das Durchschnittsalter kann wie folgt berechnet werden:

Formel 2: Durchschnittsalter[98]

$$\text{Durchschnittsalter} = \frac{\sum (\text{aktuelles Datum - Geburtstag der Mitarbeiter})}{\text{Anzahl der Mitarbeiter}} \quad (2)$$

Da das Durchschnittsalter der Beschäftigten aufgrund des demografischen Wandels steigen wird[99] (vgl. Kapitel 2.1) und ältere Beschäftigte durchschnittlich länger je Krankheitsfall ausfallen,[100] ist es für die Arbeitgeber höchst relevant, die Arbeitsfähigkeit ihrer Beschäftigten zu erhalten.[101]

Die Fluktuation kann mit folgender Formel berechnet werden:

Formel 3: Fluktuationsrate[102]

$$\text{Fluktuationsrate} = \frac{\text{freiw. ausgeschiedene MA einer Periode}}{\text{durchschn. Personalbestand einer Periode}} \times 100\% \quad (3)$$

[95] Vgl. *Froböse, I., Wellmann, H., Weber, A.*, Betriebliche Gesundheitsförderung, 2012, S. 100.
[96] Vgl. *Fritz, S.*, Ökonomischer Nutzen, 2006, S. 14.
[97] Vgl. *Lisges, G., Schübbe, F.*, Praxishandbuch Personalcontrolling, 2014, S. 249 ff.
[98] Vgl. *Klingler, U.*, Personalkennzahlen, 2005, S. 47.
[99] Vgl. *König, A., Holzer, N., Kaiser, J.*, Alternde Belegschaften, 2010, S. 114.
[100] Vgl. *Meyer, M., Meschede, M.*, Krankheitsbedingte Fehlzeiten, 2016, S. 262 ff.
[101] Vgl. *König, A., Holzer, N., Kaiser, J.*, Alternde Belegschaften, 2010, S. 118.
[102] Vgl. *Schmeisser, W., Sobierajczyk, P., Zinn, A.*, Personalcontrolling, 2014, S. 50.

Unter Fluktuation wird die Anzahl der mitarbeiterbedingten Austritte aus dem Unternehmen verstanden.[103] Die Zahl kann, wenn notwendig, erweitert werden, beispielsweise um die arbeitgeberbedingten Kündigungen oder die einvernehmlichen Vertragsauflösungen. Vor allem in Unternehmen, die auf das Wissen ihrer Beschäftigten angewiesen sind, wirkt sich die Fluktuation auf die Leistungsfähigkeit aus: Einerseits fehlt Knowhow, andererseits muss das Unternehmen aufwändige Neueinstellungen vornehmen, die entsprechende Kosten verursachen.[104]

Bei der Kennzahl Fluktuation ist für die Bewertung und Einordnung der Ergebnisse darauf zu achten, dass der Beginn der Unzufriedenheit des Beschäftigten teilweise weitaus länger zurückliegt als seine Kündigung. Zunächst muss der Beschäftigte zu dem Wunsch kommen, das Unternehmen zu verlassen. Danach folgt zunächst die Suche nach neuen Arbeitsplatzangeboten, woraufhin die Bewerbungsphase durchlaufen wird. Die Fluktuation beruht somit auf vergangenheitsbezogenen Daten. Bei beispielsweise jährlicher Erhebung kann der tatsächliche Grund für die arbeitnehmerseitige Kündigung aber weiter zurückliegen.[105]

Die Unfallquote kann mit folgender Formel berechnet werden:

Formel 4: Unfallquote[106]

$$\text{Unfallquote} = \frac{\text{Anzahl verunfallter MA pro Zeiteinheit}}{\text{Anzahl der Mitarbeiter}} \times 100\% \qquad (4)$$

Auch die Unfallquote ist eine gängige Kennzahl im Bereich des BGM, da Unfälle zu Fehlzeiten führen können. Zwar hat der Arbeitsschutz Erfolge verzeichnen können, weshalb die Anzahl schwerer Arbeitsunfälle gesunken ist[107], dennoch lag der Anteil an Arbeitsunfällen im Jahr 2015 in Deutschland bei 3 Prozent der gesamten Arbeitsunfä-

[103] Vgl. *Weber, M.*, Kennzahlen, 2006, S. 96.
[104] Vgl. *Fröböse, I., Wellmann, H., Weber, A.*, Betriebliche Gesundheitsförderung, 2012, S. 102.
[105] Vgl. *Lisges, G., Schübbe, F.*, Praxishandbuch Personalcontrolling, 2014, S. 192 f.
[106] Vgl. *Klingler, U.*, Personalkennzahlen, 2005, S. 102.
[107] Vgl. *Ueberle, M., Greiner, W.*, Kennzahlenentwicklung, 2010, S. 257.

higkeitsfälle. Die durchschnittliche Zahl der Arbeitsunfälle nimmt ab, je größer das Unternehmen ist.[108]

Die Produktivität kann wie folgt ermittelt werden:

Formel 5: Produktivität

$$\text{Produktivität} = \frac{\text{Output (z. B. Ausbringungsmenge)}}{\text{Input (z. B. Zahl der MA)}} \times 100\% \qquad (5)$$

Unter Produktivität wird der Output im Verhältnis zum Input des Prozesses verstanden. Da die Produktivität eines ganzen Unternehmens schwer zu berechnen ist, werden meist Teilproduktivitäten ermittelt.[109] Zwei Ansätze zur Bestimmung der Produktivität sind die Ermittlung der Leistung pro Mitarbeiter und der Zeitbedarf (z. B. Kosten pro Mitarbeiter) und die Ermittlung mit Kennzahlen (z. B. Umsatz). Für die Unternehmen ist es wichtig, die Arbeitsfähigkeit der Beschäftigten zu erhalten oder sogar auszubauen, was eine Voraussetzung für eine höhere Produktivität ist.[110] Untersuchungen der AOK zufolge gibt mehr als die Hälfte der produzierenden Unternehmen an, dass Maßnahmen des BGM zu Steigerungen der Produktivität führen. In der Branche Handel und Dienstleistungen berichten dies rund 48 Prozent.[111]

---

[108] Vgl. *Meyer, M., Meschede, M.*, Krankheitsbedingte Fehlzeiten, 2016, S. 274 f.
[109] Vgl. *Thommen, J.-P.* u. a., Allgemeine BWL, 2017, S. 46.
[110] Vgl. *Froböse, I., Wellmann, H., Weber, A.*, Betriebliche Gesundheitsförderung, 2012, S. 106 f.
[111] Vgl. *Lück, P., Eberl, G., Bonitz, D.*, Nutzen von BGM, 2009, S. 80.

4.1.2 Weiche Kennzahlen

Für den Personalbereich kommt den weichen Kennzahlen eine erhöhte Bedeutung zu. Sie sind allerdings nur schwer zu beschreiben und können nur begrenzt in Messzahlen dargestellt werden.[112]

Um Daten generieren zu können, sind beispielsweise Mitarbeitergespräche, Interviews, Gruppendiskussionen oder Mitarbeiterumfragen durchzuführen. Um die Aussagekraft zu erhöhen, sollten die Daten regelmäßig, z. B. jährlich, erhoben werden.[113]

Obwohl die ermittelten „weichen Faktoren" eher Indikatoren als Kennzahlen darstellen, sind sie im Rahmen des Personal-Controllings gleichberechtigt. Hierzu zählen beispielsweise Stimmungslagen oder Resultate aus Zufriedenheitsbefragungen, um auf die Arbeitszufriedenheit zu schließen.[114] Diese ermittelten Indikatoren können im Sinne von Kennzahlen über Probleme informieren und Denkanstöße für weitere Analysen liefern.[115] Sie sind allerdings interpretierungsbedürftig.[116]

Auf eine Abgrenzung der Begriffe Indikator und Kennzahl kann insbesondere für das BGM verzichtet werden, da beide Faktoren Berücksichtigung finden sollen.[117]

Obwohl bei der Anwendung und Analyse weicher Kennzahlen zahlreiche Probleme auftreten – u. a. sind die Erfolgsbeiträge nur indirekt messbar und Kennzahleninhalte sind nur komplex einschätzbar[118] – ist ein Verzicht auf die Erhebung nicht ratsam.[119]

[112] Vgl. *Schmeisser, W., Sobierajczyk, P., Zinn, A.*, Personalcontrolling, 2014, S. 39.
[113] Vgl. *Weber, M.*, Kennzahlen, 2006, S. 91.
[114] Vgl. *Schübbe, F.*, Kennzahlen im HR-Management, 2012, S. 46.
[115] Vgl. *Baumanns, R.*, Unternehmenserfolg durch BGM, 2009, S. 91.
[116] Vgl. *Schmeisser, W., Sobierajczyk, P., Zinn, A.*, Personalcontrolling, 2014, S. 47.
[117] Vgl. *Baumanns, R.*, Unternehmenserfolg durch BGM, 2009, S. 91.
[118] Vgl. *Baumanns, R.*, Unternehmenserfolg durch BGM, 2009, S. 90 f.
[119] Vgl. *Eisenberg, S., Eisenberg, D., Littkemann, J.*, Personalcontrolling, 2006, S. 536.

Abbildung 2: Übersicht weiche Kennzahlen

Quelle: Eigene Darstellung[120]

Unter Betriebsklima wird das subjektive Erleben eines Unternehmens durch seine Mitarbeiter verstanden. Von einer Verbesserung verspricht sich das Unternehmen eine bessere Kommunikation unter den Beschäftigten, die zu gegenseitiger Unterstützung und Hilfe führt. Konflikte sollen schneller gelöst und der Wettbewerb unter den Beschäftigten soll positiv beeinflusst werden.[121] Ein gutes Betriebsklima führt außerdem zu weiteren positiven Effekten, wie z. B. einer besseren Personalbindung.[122] Einer Studie der AOK Bayern zufolge konnten rund 68 Prozent der befragten Unternehmen einen mindestens hohen Nutzen des BGM für das Betriebsklima und die Arbeitszufriedenheit erkennen. In drei von vier Fällen konnte die Kommunikation im Unternehmen verbessert werden. Das bessere Betriebsklima sorgt für eine erhöhte Motivation und Leistungsbereitschaft bei den Beschäftigten.[123]

[120] Vgl. *Froböse, I., Wellmann, H., Weber, A.*, Betriebliche Gesundheitsförderung, 2012, S. 108 f.
[121] Vgl. *Froböse, I., Wellmann, H., Weber, A.*, Betriebliche Gesundheitsförderung, 2012, S. 109.
[122] Vgl. *Hey, P.*, Personalmarketing, 2014, S. 53 f.
[123] Vgl. *Winter, W., Grünewald, C.*, Arbeitgeberattraktivität, 2016, S. 233 f.

Arbeitszufriedenheit ist neueren Definitionen zufolge die bewertende Einstellung zur Arbeit.[124] Nach der Zwei-Faktoren-Theorie von Herzberg wird zwischen den Motivatoren, die Zufriedenheit schaffen (z. B. Unternehmenspolitik oder Beziehung zu Kollegen) und den Hygienefaktoren, die Unzufriedenheit bei den Beschäftigten verhindern können (z. B. Anerkennung), unterschieden.[125] Untersuchungen von Fritz zufolge können gesundheitsförderliche Maßnahmen positive Auswirkungen auf die Arbeitszufriedenheit haben. In den untersuchten Fällen erhöhte sie sich nach der Bestellung von ergonomischem Mobiliar oder im Zuge einer verbesserten Kommunikation.[126]

Unter den Gesundheitszustand fallen die physischen, psychischen und sozialen Aspekte. Für das Unternehmen ist bedeutend, dass die Beschäftigten ihrer Arbeit uneingeschränkt nachgehen können. Aufgrund der vielen Aspekte kann der Gesundheitszustand nur schwerlich genau bestimmt werden. Krankenkassen können hier zwar mittels Gesundheitsberichten Unterstützung leisten, genaue Beschreibungen von beispielsweise körperlichen Belastungen können aber nur durch Fragebögen oder andere Instrumente ermittelt werden.[127]

Vor allem in der Branche Handel und Dienstleistung sind Maßnahmen des BGM u. a. auf die innerbetriebliche Kommunikation ausgerichtet. Ohne explizites Nachfragen gaben die von der AOK in einer Untersuchung befragten Unternehmen an, dass sich die Kommunikation positiv verändert habe und zu einer besseren Produktivität führt.[128] Wie bereits hieraus zu erkennen ist, lässt sich nur ein Teil der veränderten Kommunikation in Kennzahlen abbilden. Hinsichtlich der Quantität können beispielsweise die Anzahl der Sitzungen entsprechender Arbeitskreise (z. B. für Gesundheit) oder die Anzahl der Präventionsgespräche abgebildet werden. Angaben zu Veränderungen in der Kommunikation zwischen den Beschäftigten oder zu den Vorgesetzten können nur mittels Befragungen ermittelt werden.[129]

---

[124] Vgl. *Ganter, G.*, Arbeitszufriedenheit, 2009, S. 68.
[125] Vgl. *Thommen, J.-P.*, Betriebswirtschaftslehre, 2009, S. 795.
[126] Vgl. *Fritz, S.*, Effekte betrieblicher Gesundheitsförderung, 2009, S. 116 ff.
[127] Vgl. *Froböse, I., Wellmann, H., Weber, A.*, Betriebliche Gesundheitsförderung, 2012, S. 109 f.
[128] Vgl. *Lück, P., Eberl, G., Bonitz, D.*, Nutzen von BGM, 2009, S. 79 f.
[129] Vgl. *Froböse, I., Wellmann, H., Weber, A.*, Betriebliche Gesundheitsförderung, 2012, S. 111.

4.2 Kosten-Nutzen-Analyse

Um die ökonomischen Effekte des BGM zu betrachten, kann eine Kosten-Nutzen-Analyse durchgeführt werden. Hiermit sollen bestimmte Maßnahmen oder Projekte anhand ihrer Wirtschaftlichkeit beurteilt werden.[130]

Bei dieser Form der Analyse werden alle Input- und Outputfaktoren in Geldeinheiten bewertet. So soll beispielsweise auch die Veränderung der Lebensqualität monetäre Berücksichtigung finden. Dadurch ist ein direkter Vergleich zwischen den angefallenen Kosten und dem ermittelten Nutzen durch Subtraktion möglich.[131] Fritz spricht daher auch von einer erweiterten Kosten-Nutzen-Analyse.[132]

Fritz empfiehlt, folgende Grundsatzfragen vor der Evaluation zu thematisieren: Erstens können nur effektive Maßnahmen ein günstiges Kosten-Nutzen-Verhältnis aufweisen. Das bedeutet, dass nur Maßnahmen, die Veränderungen bewirkten, effizient sein können. Zweitens muss der Aufwand für die Evaluation mit dem Nutzen verglichen werden. Dabei sollte der Nutzen der Evaluation den Aufwand dieser übersteigen, was eine Evaluierung aller Maßnahmen unrealistisch erscheinen lässt. Es empfiehlt sich zu prüfen, ob ähnliche Maßnahmen bereits im gleichen Industriezweig evaluiert wurden. Drittens ist festzulegen, für wen die Evaluation erfolgen soll. Die jeweiligen Sichtweisen der durchführenden Unternehmen, der teilnehmenden Beschäftigten und der Krankenkassen fallen unterschiedlich aus. Zuletzt ist festzulegen, wann eine Maßnahme als erfolgreich zu bewerten ist, wobei dies von jedem Unternehmen individuell festzulegen ist.[133]

Zur Durchführung der Analyse sind die Kosten festzustellen. Sie können in direkte, indirekte und intangible Kosten unterteilt werden. Die direkten Kosten (z. B. Personalkosten für die Freistellung von Mitarbeitern) sind einfach zu erfassen. Können die genauen Kosten nicht festgestellt werden (z. B. für einen neuen Besprechungsraum, der auch anderweitig genutzt wird) sind die Kosten zu schätzen. Bei den indirekten (z. B. erhöhte Betriebskosten bei größerem Produktivitätsvolumen) und den intangiblen Kosten (z. B. Befindlichkeitsbeeinträchtigung bei Bekanntgabe eines Rauchverbotes im Unterneh-

---

[130] Vgl. *Jastrow, B., Kaiser, H., Emmert, M.*, Ökonomische Aspekte, 2010, S. 143.
[131] Vgl. *Liersch, S.*, Gesundheitsökonomische Bewertung, 2016, S. 40.
[132] Vgl. *Fritz, S.*, Ökonomischer Nutzen, 2006, S. 29.
[133] Vgl. *Fritz, S.*, Ökonomischer Nutzen, 2006, S. 26 ff.

men) ist eine Ermittlung ähnlich schwierig wie bei der exakten Bestimmung des Nutzens. Auch hier ist man vermehrt auf Schätzungen angewiesen.[134]

Für die meisten Unternehmen ist relevant, wie häufig ihre Beschäftigten krankheitsbedingt ausfallen und welche Produktionsausfälle durch Krankheiten entstehen. Obwohl im angloamerikanischen Raum durch Studien belegt wurde, dass auch ein Nutzen hinsichtlich anderer Faktoren gegeben ist, ist dies vielen Unternehmen in Deutschland noch nicht klar. Wird nur der Nutzen bei den direkten Kosten, z. B. Verringerung des Krankenstandes, berücksichtigt, ist die Bewertung des Erfolges zwar deutlich einfacher, aber nicht vollständig.[135]

Der Nutzen kann mittels Früh- und Spätindikatoren erfasst werden. Spätindikatoren können meist direkt gemessen werden und wirken direkt auf den Erfolg des Unternehmens ein. Dazu zählen beispielsweise Produktivität, Qualität, Fehlzeiten, Unfälle, Fluktuation, Kundenzufriedenheit oder das Image. Die beiden letztgenannten Spätindikatoren sind subjektive Daten und werden z. B. durch Befragungen oder Interviews generiert. Die Frühindikatoren wirken auf die Spätindikatoren und müssen ebenfalls durch Befragungen oder Interviews ermittelt werden. Als individuale Indikatoren können das psychische und physische Befinden, das Gesundheitsverhalten oder das Selbstwertgefühl betrachtet werden. Hier liegt der Fokus auf dem einzelnen Beschäftigten. Aus organisationaler Sicht können Burnout, Mobbing und innere Kündigung betrachtet werden.[136]

Zuletzt werden die Frühindikatoren von sogenannten Treibern beeinflusst, die häufig unterschätzt werden. Hierzu zählen hinsichtlich des Sozialkapitals das Netzwerk- und Führungskapital und ein Teil der Unternehmenskultur. Die Qualifikationen, die Motivation und die Gesundheit in psychischer und physischer Hinsicht sowie die Führungskompetenz und Kooperationsbereitschaft sind die Ressourcen des Personals und zählen ebenfalls zu den Treibern. Zu den tätigkeitsbezogenen Aspekten zählen die Arbeitsbedingungen und -anforderungen, Handlungsspielräume und die Work-Life-Balance.[137]

---

[134] Vgl. *Froböse, I., Wellmann, H., Weber, A.*, Betriebliche Gesundheitsförderung, 2012, S. 134 ff.
[135] Vgl. *Baumanns, R.*, Unternehmenserfolg durch BGM, 2009, S. 96 f.
[136] Vgl. *Baumanns, R.*, Unternehmenserfolg durch BGM, 2009, S. 102 ff.
[137] Vgl. *Baumanns, R.*, Unternehmenserfolg durch BGM, 2009, S. 110 ff.

Um den Bruttonutzen zu berechnen, kann folgende Formel genutzt werden:

Formel 6: Berechnung des Bruttonutzens

$$U = d_t \times SD_y \times A \times N \times t \tag{6}$$

Unter d_t wird die Effektstärke verstanden. Sie stellt die Leistungsveränderung in Standardabweichungen der qualitativen Kennzahl dar. Im besten Fall werden hier Vorher- und Nachher-Werte miteinander verglichen. Liegen Vorher-Werte nicht vor, können andere Parameter festgelegt werden, beispielsweise, dass nur Effekte zählen, die die 50-Prozent-Marke an möglichen Punkten überschreiten.[138]

SD_y stellt die Standardabweichung im Fall des harten Faktors dar. Sie bezieht sich auf die jährliche Arbeitsleistung eines Teilnehmers. Da die Leistungen Einzelner nur sehr aufwendig erfassbar sind, empfiehlt es sich, Leistungsschwankungen unter Zuhilfenahme des durchschnittlichen Jahresgehaltes zu ermitteln. Untersuchungen haben gezeigt, dass hier ein Wert von 40 Prozent des Brutto-Jahresgehaltes als Regel möglich ist.[139]

A ist die gemeinsame Beziehung zwischen einem qualitativen Faktor (z. B. Arbeitszufriedenheit) und dem harten Faktor Arbeitsleistung. Ist eine Korrelation zeitgleich erfasster Daten nicht möglich, kann der Wert aus der Literatur ermittelt werden. Liegen überhaupt keine Angaben vor, sind auch Schätzungen möglich.[140]

N steht für die Anzahl der Teilnehmer und t für die geschätzte Effektdauer, also die Zeit, in der die Maßnahme wirkt. Hier werden z. B. Abschreibungszeiten betrachtet. Liegen keine Angaben vor, kann ein Jahr angenommen werden. U stellt sodann den Bruttonutzen dar.[141]

Gegen die Anwendung der Kosten-Nutzen-Analyse bestehen auch Bedenken. Sie beziehen sich einerseits darauf, dass der Wert des Lebens nicht in Geldeinheiten ausdrückbar ist, und andererseits wird die Frage aufgeworfen, ob der Wert nicht „unendlich" lauten

[138] Vgl. *Fritz, S.*, Effekte betrieblicher Gesundheitsförderung, 2009, S. 112 ff.
[139] Vgl. *Fritz, S.*, Effekte betrieblicher Gesundheitsförderung, 2009, S. 112 f.
[140] Vgl. *Fritz, S.*, Effekte betrieblicher Gesundheitsförderung, 2009, S. 113.
[141] Vgl. *Fritz, S.*, Effekte betrieblicher Gesundheitsförderung, 2009, S. 113.

müsste.[142] Den Bedenken kann entgegengehalten werden, dass die hier verwendete Analyse die Maßnahmen des BGM analysiert und nicht den Wert des Lebens. Es soll herausgefunden werden, ob die Investitionen des Unternehmens positive Auswirkungen haben. Positive Erfahrungen und Erfolgsberichte können dazu beitragen, dass Investitionen erhöht werden und auch andere Unternehmen gesundheitsförderliche Maßnahmen einsetzen.[143]

4.3 Return on Investment

Der Return on Investment (im Folgenden ROI) wird bereits seit den siebziger Jahren in den USA eingesetzt. Zunächst wurde der ROI in den Bereichen der Produktion eingeführt, da die Einführung hier relativ leicht war. Danach wanderte er zu den Dienstleistungsbereichen und dem Gesundheitswesen. Auch im öffentlichen Sektor wird er bereits eingesetzt.[144]

Der ROI drückt aus, welche Rendite das eingesetzte Kapital erwirtschaftet. Es werden die Kosten im Verhältnis zum Mehrwert der Investition betrachtet.[145] Der ROI ist als Maß dafür zu verstehen, welchen geschätzten Nutzen eine investierte Geldeinheit innerhalb eines bestimmten Zeitraumes erbringt, wobei dieser Geldwert dem Unternehmen nicht in bar zur Verfügung steht.[146]

Nachdem zunächst wirtschaftliche Aspekte für den Gesundheitsschutz keine Rolle spielten, ist dies inzwischen auch aufgrund von Kostenexplosionen im Gesundheitsbereich anders. Vor allem im angloamerikanischen Raum liegen für den ROI zahlreiche Untersuchungen und Analysen vor.[147]

Aldana fand in zwei Studien im Jahr 2001 heraus, dass sich der ROI in den USA zwischen 1:2,5 und 1:4,85 belief. Das bedeutet, dass mit einem investierten Dollar 2,5 bzw.

---

[142] Vgl. *Breyer, F., Zweifel, P., Kifmann, M.,* Gesundheitsökonomik, 2013, S. 44 ff.
[143] Vgl. *Fröböse, I., Wellmann, H., Weber, A.,* Betriebliche Gesundheitsförderung, 2012, S. 123.
[144] Vgl. *Phillips, J. J., Schirmer, F. C.,* Return on Investment, 2008, S. 4.
[145] Vgl. *Baumanns, R., Münch, E.,* Erfolg durch Investitionen, 2010, S. 178.
[146] Vgl. *Fritz, S.,* Effekte betrieblicher Gesundheitsförderung, 2009, S. 113.
[147] Vgl. *Ulich, E., Wülser, M.,* Gesundheitsmanagement, 2015, S. 212 f.

4,85 Dollar gespart wurden. Bei verhaltensorientierten Maßnahmen, wie z. B. Bewegungsprogrammen, ergab sich ein ROI zwischen 1,23 und 1,59.[148]

Chapman kam bei der Analyse moderner Präventionsstrategien auf einen vergleichsweise hohen ROI von 1:6,3.[149]

Vor allem Programme, die umfassend sind und mehrere Komponente besitzen, erzeugen einen positiven ROI, wenn sie auf Beschäftigte ausgerichtet sind, die erhöhte Gesundheitsrisiken aufweisen. Werden einzelne Maßnahmen betrachtet, erweisen sich Rauchentwöhnungsprogramme, Alkoholprävention und die Prävention von psychischen Erkrankungen als kosteneffektiv. Hier werden vor allem die Fehlzeiten verringert, teilweise konnte auch eine verbesserte Produktivität verzeichnet werden.[150]

Wenn der ROI einzelner Maßnahmen dem Unternehmen bekannt ist, können hieraus Schlüsse über die Wirksamkeit getroffen werden. Hierdurch können auch Prioritäten auf besonders effektive Programme gelegt werden. Diese können z. B. auf das ganze Unternehmen ausgedehnt werden. Außerdem dient es der Überzeugung der Unternehmensführung, dass eine bestimmte Maßnahme als Investition zu sehen ist und nicht mehr nur als Ausgabe bzw. Kosten.[151] Vor allem den letzten Punkt führt auch Fritz an, da eine auf Zahlen basierende Argumentation überzeugender wirkt. So soll sichergestellt werden, dass dem BGM im Unternehmen weiterhin Mittel zur Verfügung gestellt werden. Da der Krankenstand im Unternehmen häufig bereits so niedrig ist, dass er kaum noch weiter verringert werden kann, ist auch eine anderweitige monetäre Betrachtung wichtig.[152]

---

[148] Vgl. *Aldana, S. G.*, Financial impact, 2001, S. 296 ff. zitiert nach *Ulich, E., Wülser, M.*, Gesundheitsmanagement, 2015, S. 213.
[149] Vgl. *Chapman, L. S.*, Meta-evaluation, 2005, S. 1 ff. zitiert nach *Ulich, E., Wülser, M.*, Gesundheitsmanagement, 2015, S. 213.
[150] Vgl. *Kramer, I., Sockoll, I., Bödeker, W.*, Evidenzbasis für BGF, 2009, S. 73 ff.
[151] Vgl. *Phillips, J. J., Schirmer, F. C.*, Return on Investment, 2008, S. 21 f.
[152] Vgl. *Fritz, S.*, Ökonomischer Nutzen, 2006, S. 14 ff.

5 Analyse der Wirtschaftlichkeit des BGM bei der Stadt S

In diesem Kapitel werden die zuvor getroffenen Überlegungen auf ein Praxisbeispiel angewendet um die Forschungsfragen zu beantworten. Dazu wird zunächst das Praxisbeispiel vorgestellt, wonach ausführlich auf die Methodik und die Ergebnisse eingegangen wird.

5.1 Vorstellung der Stadt S

Die Stadt S liegt in Nordrhein-Westfalen. In der Stadt leben mehr als 30.000 Einwohner und sie beschäftigt rund 400 Personen.

Die Beschäftigten unterteilen sich auf die Bereiche „Verwaltung", „Sozial- und Erziehungsdienst", „Auszubildende und Nachwuchskräfte" und ehemalige „Arbeiter" in der eigenbetriebsähnlichen Einrichtung „E", die für die Bereiche Abfall, Straßen, Kanal, Grünflächen, Sportplätze und Friedhöfe zuständig ist.

Somit gibt es eine Vielzahl an Berufsbildern; von klassischen Bürotätigkeiten, hauptsächlich in der Verwaltung, über Tätigkeiten in Jugendeinrichtungen oder Kindertagesstätten für den Bereich „Sozial- und Erziehungsdienst" bis zu handwerklichen Arbeiten, die vor allem bei der eigenbetriebsähnlichen Einrichtung „E" stattfinden.

Seit dem Jahr 2015 betreibt die Stadt ein Betriebliches Eingliederungsmanagement, aus dem die Maßnahmen des BGM hervorgehen. Zielsetzung ist es, die Leistungsfähigkeit der Beschäftigten zu stärken, um Fehlzeiten und Personalkosten zu senken. Außerdem sollen die Motivation, die Arbeitszufriedenheit und das Betriebsklima verbessert werden. Dies soll durch einen sicheren Arbeitsplatz und gesundheitsfördernde Maßnahmen unterstützt werden.

Das BGM wurde im Jahr 2015 mit einer Mitarbeiterbefragung begonnen, in der der Gesundheitszustand und der Zufriedenheitsgrad der Beschäftigten erfragt wurden. Es folgten die Teilnahme an einer Studie, bei der mit einem Trainingssack Wirbelsäulenbeschwerden und Rückenschmerzen vorgebeugt werden sollte sowie eine kleine Gesundheitsmesse, bei der sich verschiedene Anbieter im Bereich des Gesundheitswesens vorstellen konnten. Außerdem erfolgten für die Beschäftigten eine kostenlose Stressmessung und die Aufstellung eines Wasserspenders.

32

Ab April 2017 wurde Business-Yoga angeboten. Hier konnten 20 Beschäftigte über fünf Wochen an jeweils einem Tag verschiedene Übungen durchführen, die im Büro und auch ohne Trainer selbstständig absolviert werden können. Seit dem Jahr 2016 zahlt die Stadt S Zuschüsse für Massagen, die bei einem externen Anbieter außerhalb der Arbeitszeit in Anspruch genommen werden können. Außerdem wird eine Rückenschule angeboten, die entweder bei einem externen Anbieter oder in den Außenstellen der Stadt stattfindet, sowie eine Betriebssportgemeinschaft, die sich mit wechselnden Sportarten einmal in der Woche in einer städtischen Turnhalle trifft. Des Weiteren findet jährlich eine freiwillige Grippeschutzimpfung und alle zwei Jahre eine Darmkrebsvorsorge statt.

5.2 Methodik

Für die Analyse wird eine Krankenstatistik, die von der Stadt S erstellt wurde, als Basis für Sekundärdaten verwendet. Wie bereits beschrieben, ist ein wesentliches Ziel des BGM die Verringerung der Fehlzeiten. Der Nutzen bezieht sich damit auch insbesondere auf diese Angaben. Die Statistik wurde mit dem Computerprogramm „Loga" erstellt und beinhaltet einen Auswertungszeitraum von 7 Jahren, von 2010 bis 2016. Hierdurch soll ein Vergleich ermöglicht werden. Ergänzend zur Krankenstatistik wurden vom Autor dieser Arbeit einzelne Kennzahlen angefordert, die eine Einordnung der Ergebnisse aus der Statistik möglich machen sollen. Die Kennzahlen resultieren im Wesentlichen aus Kapitel 4.1.1. Besonderer Wert wurde auf die Fluktuation und das Durchschnittsalter gelegt.

Als Primärdaten werden Interviews analysiert, die im Rahmen dieser Arbeit mit insgesamt 6 Beschäftigten der Stadt S, die an den Maßnahmen „Business Yoga" und „Betriebssportgruppe" teilgenommen haben, geführt wurden.

Hierzu wurde ein Interviewleitfaden erstellt, um sicherzustellen, dass alle beabsichtigten Fragen gestellt werden, wobei aber dennoch u. a. die Reihenfolge hätte verändert werden können.[153] Vor allem konnten auch ergänzende Fragen gestellt werden, sofern es der Gesprächsverlauf ergab oder zuließ.[154] Leitfadengestützte Interviews bieten gegenüber

---

[153] Vgl. *Gläser, J., Laudel, G.*, Experteninterviews, 2010, S. 42.
[154] Vgl. *Gläser, J., Laudel, G.*, Experteninterviews, 2010, S. 158.

offenen (nichtstandardisierten) Interviews den Vorteil, dass die gestellten Fragen zur Sache beitragen und das Gespräch nicht abschweift.[155]

Durch die Interviews soll der Nutzen der Maßnahmen des BGM festgestellt werden können, der über die Krankenstatistik hinausgeht. Wie bereits in Kapitel 4.1.2 beschrieben, kann durch das BGM auch eine Verbesserung des Betriebsklimas, der Kommunikation etc. erreicht werden. Die Verringerung von Fehlzeiten dagegen ist teilweise nur noch schwer erreichbar.[156] Die Fragen 1-3 des Interviewleitfadens dienen dazu, Angaben über die Person des Interviewten zu erhalten. Die Angaben zur Position sollen darüber Auskunft geben, ob der Befragte beispielsweise Bürotätigkeiten ausführt oder in einem anderen Bereich der Stadt S beschäftigt ist. Das Alter ist insofern relevant, als (wie in Kapitel 2.1 beschrieben) die Alterung entscheidenden Einfluss auf die krankheitsbedingten Fehlzeiten hat. Mit Frage 3 soll herausgefunden werden, an welchen Maßnahmen der Befragte teilgenommen hat, also welche Maßnahmen Auswirkungen auf die folgenden Fragebereiche haben werden.

Die darauf folgenden sieben Fragen beziehen sich auf den Gesundheitszustand des Interviewten. In der offen gestalteten Frage 4 wird nach Belastungen oder Problemen am Arbeitsplatz gefragt, woraufhin in den folgenden beiden Fragen explizit auf die Arbeitsfähigkeit hinsichtlich körperlicher und psychischer Arbeitsanforderungen eingegangen wird. Die Fragen 7 und 8 beziehen sich auf gesundheitliche Probleme vor den Maßnahmen, und ob sich krankheitsbedingte Fehlzeiten durch das BGM verändert haben. Wie bereits in Kapitel 3.3 beschrieben, ist die wesentliche Aufgabe des BGM, die Gesundheit der Beschäftigten zu fördern und Belastungen für sie zu reduzieren. Frage 9 soll eine Prognose für die Zukunft ermöglichen in Bezug auf die Möglichkeit der Ausübung der Arbeit auch in den nächsten Jahren. Sollte dies negativ beantwortet werden, wird darauf eingegangen, ob Maßnahmen des BGM helfen könnten. Bezug auf den Gesundheitszustand nimmt zuletzt Frage 10, in der es darum geht, was der Befragte selbst zur Gesunderhaltung und Entspannung tut.

Laut den unternommenen theoretischen Vorüberlegungen wirkt sich das BGM insbesondere auch auf andere Faktoren als den Gesundheitszustand aus (Kapitel 3.3 und 3.6).

---

[155] Vgl. *Meuser, M., Nagel, U.*, Experteninterviews, 2005, S. 77.
[156] Vgl. *Fritz, S.*, Ökonomischer Nutzen, 2006, S. 12.

Frage 11 bezieht sich hierauf, ohne Beispiele zu nennen. Es soll festgestellt werden, ob die Auswirkungen den Interviewten so bewusst sind, dass sie diese direkt nennen können. Frage 12 zielt auf die Attraktivität als Arbeitgeber ab, da das BGM auch als Personalmarketing genutzt werden kann (siehe Kapitel 3.6).

Die darauf folgenden vier Fragen mussten anhand von Skalen beantwortet werden, Erläuterungen waren aber möglich. Dies sollte gewährleisten, dass die Befragten ihre Antworten erklären können, sofern sie es für notwendig halten. Skalen sollten nicht zu breit oder zu schmal ausgelegt werden; eine Skala sollte in der Breite nicht mehr als neun und nicht weniger als fünf Skalenpunkte besitzen.[157]

Die Skalen der Fragen 14 – 16 sind gleich gestaltet und lauten wie folgt: stark verschlechtert – verschlechtert – keine Auswirkung – verbessert – stark verbessert. Frage 13 unterscheidet die Möglichkeiten trifft voll und ganz nicht zu – trifft nicht zu – keine Auswirkung – lieber – viel lieber. Die Skalen haben somit allesamt eine Breite von 5. Diese Fragen dienen im späteren Verlauf der Arbeit als Werte für die Kosten-Nutzen-Analyse. Die Skalen werden mit den Punkten eins bis fünf bewertet: Eins steht für „stark verschlechtert" bzw. „trifft überhaupt nicht zu", zwei für „verschlechtert" bzw. „trifft nicht zu" bis hin zu dem Wert fünf für „stark verbessert" bzw. „viel lieber". So sind Mittelwerte errechenbar. Von einem positiven Wert ist nur dann auszugehen, wenn der Mittelwert zwischen drei und fünf liegt. Grund dafür ist, dass bei den Werten eins und zwei Verschlechterungen zu verzeichnen wären. Ab dem Wert von drei haben sich die Faktoren zumindest nicht verschlechtert. Für die tatsächliche Veränderung wird erst der Mittelwert hinzugezogen, der über dem Wert für „keine Auswirkungen", also 3,0 liegt. Dieser entstehende Wert wird danach mit einem Dreisatz in einem Prozentwert angegeben und drückt aus, inwiefern das BGM zu einer Veränderung hinsichtlich des abgefragten Faktors beigetragen hat.[158]

Die einzelnen Interviews wurden aufgezeichnet und anschließend transkribiert. Eine Aufzeichnung bietet gegenüber einer Mitschrift bzw. einem Gedächtnisprotokoll den Vorteil, dass Informationen nicht verloren gehen und auch nicht in veränderter Form Berücksichtigung finden. Des Weiteren ist es für den Interviewer leichter, Rückfragen

---

[157] Vgl. *Porst, R.*, Fragebogen, 2014, S. 87.
[158] Vgl. *Fritz, S.*, Effekte betrieblicher Gesundheitsförderung, 2009, S. 117.

zu stellen, da er das Gespräch nicht gleichzeitig protokollieren muss. Obwohl durch eine Tonaufzeichnung keine natürliche Gesprächssituation mehr besteht, überwiegen die Vorteile diesen Nachteil.[159]

Es wurden die Teilnehmer beider Maßnahmen befragt, da diese selbst am besten einschätzen können, ob die Teilnahme Veränderungen hinsichtlich des Gesundheitszustands und den genannten anderen Faktoren mit sich gebracht hat. Expertenwissen haben nicht nur diejenigen, die in höheren Positionen arbeiten, sondern auch Personen, die Erfahrungen mit einer bestimmten Thematik bzw. Situation gemacht oder an einer bestimmten Veranstaltung teilgenommen haben. Sie verfügen diesbezüglich über ein besonderes Wissen.[160] Bei der Auswahl der Teilnehmer wurde darauf geachtet, ein möglichst breites Feld, etwa in Bezug auf Alter und Geschlecht, zu berücksichtigen. Die zeitliche Verfügbarkeit der Teilnehmer machte es allerdings nicht möglich, einen männlichen Teilnehmer an der Maßnahme „Business Yoga" zu befragen.

Tabelle 1: Übersicht der Interviewpartner

Experte	Position bei der Stadt S	Ort, Datum
Interviewpartnerin 1	[anonymisiert]	[anonymisiert]
Interviewpartnerin 2	[anonymisiert]	[anonymisiert]
Interviewpartnerin 3	[anonymisiert]	[anonymisiert]
Interviewpartnerin 4	[anonymisiert]	[anonymisiert]
Interviewpartner 5	[anonymisiert]	[anonymisiert]
Interviewpartner 6	[anonymisiert]	[anonymisiert]

---

[159] Vgl. *Gläser, J., Laudel, G.*, Experteninterviews, 2010, S. 158 f.
[160] Vgl. *Gläser, J., Laudel, G.*, Experteninterviews, 2010, S. 11.

Die Interviews wurden allesamt in persönlichen Gesprächen in den Büroräumen der Interviewten durchgeführt. Vor den Gesprächen wurde den Interviewten zugesichert, dass sie gegenüber dem Arbeitgeber anonym bleiben werden. Um ethische Anforderungen zu erfüllen, ist jederzeit sicherzustellen, dass den Interviewten aufgrund ihrer Teilnahme an dieser Untersuchung kein Schaden entsteht.[161]

Nach dem Prinzip der informierten Einwilligung wurde bei der Anfrage nach einem Interview ausdrücklich darauf hingewiesen, dass eine Teilnahme nur freiwillig erfolgt. Außerdem wurden die Teilnehmer spätestens vor Beginn des Interviews über den Zweck der Befragung und der gesamten Arbeit informiert.[162]

Analysiert werden die Interviews mittels der qualitativen Inhaltsanalyse nach Mayring. Dadurch soll die Kommunikation, also die durchgeführten Interviews, analysiert werden.[163]

Die qualitative Inhaltsanalyse unterscheidet sich von der quantitativen insofern, als in der qualitativen Analyse Material aus dem theoretischen Teil der Arbeit miteinbezogen wird. Außerdem soll sich die Materialanalyse ebenso hierauf beziehen. Dieser Aspekt wird häufig bei der quantitativen Inhaltsanalyse vernachlässigt.[164] Bei dieser Analysevariante ist die Häufigkeit des Auftretens einzelner Kategorien, die zuvor gebildet wurden, entscheidend, es wird also entsprechend quantifiziert. Nachteil dieses Verfahrens ist eine Reduzierung der Komplexität. Einzelne Textinhalte gehen bei der Quantifizierung verloren, da die Inhalte auf das reduziert werden, was in der bestimmten Kategorie gemessen werden soll.[165]

Für die qualitative Inhaltsanalyse ist ein systematisches und regelgeleitetes Vorgehen wichtig. Vorab sind Regeln für die Textanalyse festzulegen. Hierzu ist vor allem ein konkretes Ablaufmodell notwendig. Ebenso müssen die Kodier-, Kontext- und Auswertungseinheiten vorab definiert werden. Dabei ist darauf zu achten, dass die Einheiten so

---

Vgl. *Gläser, J., Laudel, G.*, Experteninterviews, 2010, S. 51.
[162] Vgl. *Gläser, J., Laudel, G.*, Experteninterviews, 2010, S. 52 ff.
[163] Vgl. *Mayring, P.*, Qualitative Inhaltsanalyse, 2008, S. 11.
[164] Vgl. *Mayring, P.*, Qualitative Inhaltsanalyse, 2008, S. 42.
[165] Vgl. *Gläser, J., Laudel, G.*, Experteninterviews, 2010, S. 197 f.

weit definiert werden, dass noch Anpassungen im Verfahren durchgeführt werden können.[166]

Die erstellten Transkriptionen werden hier als Material verwendet. Auf die Kennzeichnung von Stimmlagen oder anderen sprachlichen Elementen wird verzichtet, da es das Wissen und die Erfahrungen der Teilnehmer im Vordergrund stehen.[167]

Das Material wird zunächst zusammengefasst. Dabei werden die Inhalte auf die wesentlichen Eckdaten reduziert. Im zweiten Schritt folgt die Explikation, wobei unklare Textstellen mit zusätzlichem Material erweitert werden, um das Verständnis zu erhöhen. Zuletzt folgt die Strukturierung, bei der das Material anhand bestimmter Kriterien eingeschätzt wird und ein Querschnitt durch das Material gelegt werden kann.[168] Für diese Arbeit wird hier die Zusammenfassung gewählt. Der Ablauf kann wie folgt beschrieben werden:

---

[166] Vgl. *Mayring, P.*, Qualitative Inhaltsanalyse, 2008, S. 42 f.
[167] Vgl. *Meuser, M., Nagel, U.*, Experteninterviews, 2005, S. 83.
[168] Vgl. *Mayring, P.*, Qualitative Inhaltsanalyse, 2008, S. 58.

Abbildung 3: Ablaufmodell der zusammenfassenden Inhaltsanalyse

Quelle: Eigene Darstellung in Anlehnung an Mayring, P., Qualitative Inhaltsanalyse, 2008, S. 60.

Nachdem das Material festgelegt und festgestellt wurde, auf welche Fragestellung hin es zu untersuchen ist, werden nun die Analyseeinheiten bestimmt. Bei der Zusammenfassung fallen die Kontext- und die Auswertungseinheiten zusammen. In dieser Arbeit soll im ersten Schritt der einzelne Fall und im zweiten Schritt das gesamte Material bestimmt werden. Die Kodiereinheit ist allerdings detaillierter zu bestimmen. Hier soll jede Aussage des Interviewten über seinen Gesundheitszustand und die Wirkungen der Maßnahme, an der er teilgenommen hat, erfasst werden.[169]

Nach diesem Schritt folgt die Paraphrasierung, d. h., Kodiereinheiten werden in eine einfache, beschreibende Form umgeschrieben. Inhaltslose Textstellen werden nicht berücksichtigt. Auch grammatikalische Kurzformen reichen nach diesem Schritt aus.[170]

Im dritten Schritt wird das Abstraktionsniveau bestimmt und die Paraphrasen werden unter diesem generalisiert. Das Abstraktionsniveau wird für diese Arbeit so festgelegt, dass die Aussagen zwar möglichst allgemein, aber dennoch fallspezifisch sind. Erreichen Paraphrasen dieses Niveau nicht, sind sie zu verallgemeinern. Liegen sie darüber, können sie zunächst so belassen werden.[171]

Darauf folgend können inhaltsgleiche Paraphrasen, die durch den vorherigen Schritt entstanden sind, gestrichen werden. Gleiches gilt für unwichtige Passagen. Im fünften Schritt folgt die zweite Reduktion, bei der Paraphrasen, die im gesamten Material verstreut sind und sich aufeinander beziehen, zusammengefasst werden. Sie müssen durch eine neue Aussage wiedergegeben werden.[172]

Diese neuen Aussagen sind sodann in einem Kategoriensystem darzustellen.[173] Für diese Arbeit werden die folgenden Kategorien festgelegt:

Kategorie 1: Allgemeines zur Person

Diese Kategorie bezieht sich auf die persönlichen Daten der Befragten und die Maßnahmen, an denen sie teilgenommen haben. Zur besseren Darstellung werden die beiden Unterkategorien UK 1.1 Persönliches und UK 1.2 Maßnahmen gebildet. UK 1.1 umfasst alle Angaben zum Alter und der hierarchischen Position bei der Stadt S, UK 1.2 enthält die Maßnahmen des BGM, an denen die Befragten teilgenommen haben.

---

[169] Vgl. *Mayring, P.*, Qualitative Inhaltsanalyse, 2008, S. 61 f.
[170] Vgl. *Mayring, P.*, Qualitative Inhaltsanalyse, 2008, S. 61.
[171] Vgl. *Mayring, P.*, Qualitative Inhaltsanalyse, 2008, S. 61.
[172] Vgl. *Mayring, P.*, Qualitative Inhaltsanalyse, 2008, S. 61.
[173] Vgl. *Mayring, P.*, Qualitative Inhaltsanalyse, 2008, S. 61.

Kategorie 2: Angaben zum Gesundheitszustand

In dieser Kategorie werden Aussagen zum Gesundheitszustand des Befragten gebündelt. Diese beziehen sich u. a. auf bestehende Belastungen am Arbeitsplatz, die Arbeitsfähigkeit, Auswirkungen des BGM auf Probleme bzw. Belastungen und die krankheitsbedingten Fehlzeiten.

In der Unterkategorie UK 2.1 werden zunächst die arbeitsplatzbezogenen Herausforderungen gebündelt. Hierin sind die Belastungen und Probleme enthalten, die am Arbeitsplatz entstehen und zu krankheitsbedingten Fehlzeiten führen können bzw. eine Ausübung der Tätigkeit in den nächsten Jahren möglicherweise verhindern oder einschränken können.

Die Unterkategorie UK 2.2 bezieht sich auf die Leistungsfähigkeit des Befragten am Arbeitsplatz. Hier wird zwischen physischer und psychischer Arbeitsfähigkeit unterschieden.

Die letzte Unterkategorie UK 2.3 thematisiert die eigene Initiative des Interviewten zur Sicherstellung des Gesundheitszustands. Darunter werden die Maßnahmen verstanden, die der Befragte selbst zur Gesunderhaltung und Entspannung durchführt, ohne dass diese von der Stadt S im Rahmen des BGM angeboten werden.

Kategorie 3: Auswirkungen auf andere Faktoren

Diese Kategorie bezieht sich auf Auswirkungen, die nicht den Gesundheitszustand betreffen.

In der Unterkategorie UK 3.1 werden zunächst Äußerungen über anderweitige Effekte gesammelt, die ohne gezielte Nennung durch den Interviewer benannt wurden.

Die Unterkategorie UK 3.2 befasst sich sodann mit der Arbeitgeberattraktivität. Hier wird thematisiert, inwieweit die im Rahmen des BGM angebotenen Maßnahmen dazu beigetragen haben, dass sich die Sichtweise auf die Stadt S als Arbeitgeberin verändert hat.

In der letzten Unterkategorie UK 3.3 werden die persönlichen Erfahrungen und Meinungen zu speziell gefragten betriebsbezogenen Faktoren gesammelt. Zu den angesprochenen Faktoren gehören die Kommunikation im Unternehmen, das Betriebsklima und die Motivation des Befragten.

Zuletzt ist zu prüfen, ob die Kategorien das ursprüngliche Material ausreichend repräsentieren. Dies kann mittels Überprüfung der Paraphrasen oder (noch umfassender) am Ausgangsmaterial erfolgen.[174]

5.3 Ergebnisse

Zunächst wird die Krankenstatistik der Stadt S analysiert. Hier fällt auf, dass die Arbeitsunfähigkeitstage im Jahr 2016 um knapp 600 Tage gegenüber 2015 gestiegen sind. Die Krankheitsfälle nahmen hingegen geringfügig ab, während die durchschnittliche Falldauer um 0,9 Tage anstieg. Für das Jahr 2016 sind die meisten Arbeitsunfähigkeitstage seit 2010 zu verzeichnen, das als frühestes Jahr zur Statistik hinzugefügt wurde.

Bei der Durchsicht der Statistik fällt auf, dass der Beginn von Erkrankungen am Häufigsten auf die Wintermonate Januar, Februar, März, Oktober, November und Dezember fällt. Dies könnte darauf schließen lassen, dass der Anstieg gegenüber den anderen Monaten aufgrund saisonbedingter Krankheiten, wie z. B. Grippe, zu verzeichnen ist.

Zur Einordnung der Krankenstatistik ist auf das Durchschnittsalter als weitere Kennzahl einzugehen. Dieses beträgt zum Stichtag 31.12.2016 laut Berechnung der Stadt S 45 Jahre. Wie bereits in den Kapiteln 2.1 und 4.1.1 beschrieben, steigt die durchschnittliche Krankheitsdauer pro Fall mit dem Alter an. Bei der Stadt S liegt diese unter den festgestellten Werten der AOK.[175] Dennoch ist auch hier eine (teilweise deutliche) Steigerung im Alter festzustellen, was bei dem angegebenen Durchschnittsalter vermuten lässt, dass die Krankentage aufgrund einer erhöhten Falldauer weiter ansteigen werden.

Einen Einfluss auf die Fluktuation scheinen die Maßnahmen des BGM nicht zu haben. Während im Jahr 2014 nur eine arbeitnehmerseitige Kündigung ausgesprochen wurde, stieg die Anzahl auf 9 im Jahr 2015 und 21 im Jahr 2016.

Zur Einordnung der angegebenen Zahlen ist festzustellen, dass sich nur die Betriebssportgruppe (Beginn im Jahr 2015) auf die Statistiken und Kennzahlen auswirken konnte, da das Business Yoga erst im Jahr 2017 durchgeführt wurde.

---

[174] Vgl. *Mayring, P.*, Qualitative Inhaltsanalyse, 2008, S. 61.
[175] Vgl. *Meyer, M., Meschede, M.*, Krankheitsbedingte Fehlzeiten, 2016, S. 265.

Im folgenden Abschnitt sollen die Interviews analysiert werden. In der Unterkategorie 1.1 wird festgehalten, dass insgesamt [anonymisiert]. Die Befragten sind zwischen [anonymisiert] Jahre alt, was einen Altersdurchschnitt von 42,33 Jahren ergibt.

Jeweils drei der Interviewten haben zumindest bei der Maßnahme Business Yoga (Interviewpartner [anonymisiert]) oder bei der Betriebssportgruppe (Interviewpartner [anonymisiert]) teilgenommen. Zwei Befragte haben darüber hinaus noch an weiteren Maßnahmen des BGM teilgenommen.

Hinsichtlich des Gesundheitszustands (Kategorie 2) fällt in der Unterkategorie 2.1 über arbeitsplatzbezogene Herausforderungen auf, dass vier von sechs befragten Personen Verspannungen aufgrund von sitzenden Tätigkeiten verspüren. Außerdem werden Rücken-, Lendenwirbel- und Hüftbereichsschmerzen von zwei der Interviewpartner benannt. Ebenfalls von zwei Interviewten werden Konzentrationsschwierigkeiten und psychische Belastungen aufgrund eines erhöhten Arbeitsanfalls genannt. Drei der Befragten geben an, dass weder Belastungen noch Probleme am Arbeitsplatz bestehen. Die genannten Probleme und Belastungen wurden in den Fragen 4 und 7 thematisiert.

Hinsichtlich einer Veränderung der krankheitsbedingten Fehlzeiten führen fünf der sechs Befragten aus, dass keine Auswirkungen entstanden sind. Als Grund wird angegeben, dass die krankheitsbedingten Fehlzeiten bereits vorher sehr gering waren (vier Befragte) bzw. dass nur eine Teilzeitbeschäftigung vorliegt, wobei mehr Erholungszeit gegeben ist (eine befragte Person). Bei einem Interviewpartner haben sich die krankheitsbedingten Fehlzeiten verringert, was aber nicht an der BGM Maßnahme (Betriebssportgruppe) lag, sondern an einem neuen Schreibtisch. Hier ist also festzustellen, dass keine Verbesserung der krankheitsbedingten Fehlzeiten zu erkennen ist. Dies deckt sich mit der analysierten Krankenstatistik. Positiv ist hervorzuheben, dass zwei Teilnehmer der Maßnahme Business Yoga angeben, dass Übungen bekannt sind, die gegen auftretende (Nacken-)Beschwerden helfen, sofern diese auftreten.

Für die Zukunft sind sich alle befragten Personen einig, dass sie ihre Tätigkeiten auch in den nächsten Jahren durchführen können. Ein Befragter gibt allerdings an, dass in den nächsten Jahren Rückenbeschwerden auftauchen könnten.

Die Unterkategorie 2.2 thematisiert die Leistungsfähigkeit der Befragten am Arbeitsplatz. Hinsichtlich ihrer physischen Arbeitsfähigkeit geben fünf Experten einen sehr guten Wert an, wobei ein Befragter angibt, dass Probleme bestehen würden, wenn mehr körperliche Arbeit notwendig wäre. Ein Interviewter meint, wie bereits erwähnt, dass in den nächsten Jahren Rückenbeschwerden entstehen könnten. Einzig ein Befragter gibt an, dass die physische Arbeitsfähigkeit eher okay ist, mit einer Tendenz zu einer Verbesserung.

In Bezug auf die psychische Arbeitsfähigkeit geben nur noch 50 Prozent der Befragten einen sehr guten Wert an. Ein Interviewpartner gibt einen Prozentwert zwischen 60 und 80 an, zwei Befragte führen eine niedrigere Arbeitsfähigkeit auf Saisonarbeiten, in denen mehr Stress entsteht bzw. auf Stress an sich zurück, da nicht genug Zeit zur Vorbereitung einzelner Aufgaben besteht.

In der Unterkategorie 2.3 lässt sich feststellen, dass sich alle Befragten in ihrer Freizeit zur Gesunderhaltung und Entspannung bewegen; fünf von ihnen treiben Sport, beispielsweise in Fitnesskursen und im Fitnessstudio, bzw. betreiben Yoga, Aerobic oder Outdoor Runs. Zwei der Befragten geben zusätzlich musikalische Aktivitäten bzw. Ausruhen und Lesen im Garten an.

Auswirkungen der Maßnahmen des BGM auf andere Faktoren werden in der Oberkategorie 3 thematisiert. In der Unterkategorie 3.1 lässt sich bei einer offen gehaltenen Frage feststellen, dass fünf von sechs Personen angeben, andere Mitarbeiter kennengelernt zu haben, zu denen sie vorher keinen Kontakt hatten bzw. außerhalb der Dienstzeiten Kontakt zu diesen zu haben. Dies empfinden sie als sehr positiv. Die drei Teilnehmer an der Betriebssportgruppe gaben zudem an, dass der Sport zur Entspannung beiträgt bzw. Spaß bereitet. Ein Interviewpartner empfindet Wertschätzung durch den Arbeitgeber, da dieser Maßnahmen für das BGM anbietet, und sieht ein verbessertes Betriebsklima.

Bezüglich der in der Unterkategorie 3.2 behandelten Arbeitgeberattraktivität geben drei der sechs Befragten an, dass sich ihre Sicht auf die Stadt S als Arbeitgeberin positiv verändert hat, was am Angebot im Rahmen des BGM liegt. Von einem Interviewten wird ergänzend hierzu noch angemerkt, dass noch zu wenig hinsichtlich des BGM getan wird. Für die anderen drei Befragten ergaben sich keine Änderungen. Dass die Befragten durch das Angebot im Rahmen des BGM lieber für die Stadt S arbeiten, können zwei der Interviewpartner bestätigen. Einer dieser beiden Experten gab auch in der vorherigen Frage an, dass sich seine Sicht auf die Arbeitgeberin positiv verändert habe. Die anderen vier Befragten verzeichneten keine Auswirkungen in Bezug darauf, ob sie lieber für die Stadt arbeiten.

Der Mittelwert der Antworten liegt bei 3,33, was einer inhaltlich positiven Veränderung von 0,33 Punkten entspricht. Dies führt zu einer positiven Veränderung in der Höhe von 11 Prozentpunkten (diese und folgende Berechnungen finden sich im Anhang).

Die Unterkategorie 3.3 thematisiert die persönlichen Erfahrungen der Experten hinsichtlich der betriebsbezogenen Faktoren Betriebsklima, Kommunikation und Motivation. Hinsichtlich des Betriebsklimas geben alle sechs Interviewten an, dass dieses sich verbessert hat. Am häufigsten (drei Nennungen) wird als Grund angeführt, dass Kontakt zu Kollegen entsteht, zu denen man vorher keinen oder nur dienstlichen Bezug hatte.

Der Mittelwert der Antworten liegt hinsichtlich der Veränderung des Betriebsklimas bei 4, was einer positiven Veränderung von einem Punkt entspricht. Dies führt im Ergebnis zu einer positiven Veränderung von 33,33 Prozentpunkten.

Angesprochen auf mögliche Veränderungen der Kommunikation in Frage 15 gaben drei Befragte eine generelle Verbesserung an. Zudem gab ein Interviewpartner eine starke Verbesserung an und nannte damit auf der vorliegenden Skala den höchstmöglichen Wert. Zwei Interviewte hielten fest, dass generell (im Arbeitsbereich) keine Veränderung stattgefunden hat, sondern nur zu den jeweiligen Teilnehmern, wobei eine Verbesserung zu verzeichnen ist. Für diese beiden Antworten fließen nur die Punktwerte 3,5 (Differenz zwischen 3 „keine Auswirkungen" und 4 „verbessert") ein, da zwar eine Verbesserung stattgefunden hat, diese aber nicht generell gesehen wird.

Im Ergebnis können hier die gleichen Werte wie für das Betriebsklima errechnet werden. Die positive Veränderung beträgt somit ebenfalls 33,33 Prozentpunkte

Bezüglich Veränderungen der Motivation gab nur ein Befragter an, dass sich diese erhöht hat. Nach Übungen der Maßnahme Business Yoga würden Arbeiten leichter fallen und daher dann lieber angegangen. Für alle anderen Interviewten ergeben sich hinsichtlich der Motivation keine Auswirkungen.

Dementsprechend liegt der dazugehörige Mittelwert bei 3,17, was einer positiven Veränderung von 0,17 Punkten entspricht. Dies führt im Ergebnis zu einer positiven Veränderung von 5,56 Prozentpunkten.

Inwiefern bei einer Effektgröße von einem Erfolg gesprochen werden kann, kann nicht pauschal beantwortet werden. Bereits ein kleiner Effekt kann sehr bedeutsam sein (wenn es beispielsweise um die Gesundheit geht); ein großer Effekt kann unbedeutsam sein, wenn er nur mit einem unverhältnismäßigen Aufwand zu realisieren wäre. Als Faustregel haben sich die von Jacob Cohen vorgeschlagenen kleinen (> 0,2), mittleren (> 0,5) und großen (> 0,8) Effekte durchgesetzt.[176] Auch von Fritz werden sie in den Analysen zur Abschätzung der Effekte der betrieblichen Gesundheitsförderung übernommen.[177]

Die errechnete Effektstärke zu Frage 13 liegt bei 0,23 (Berechnungen im Anhang). Hier ist demnach nur von einem kleinen Effekt (> 0,2) auszugehen. Anders dagegen liegt der Fall bei Frage 14 zum Betriebsklima; hier geben alle Befragten eine Verbesserung an. Da keine Standardabweichung zu ermitteln war, konnte die Effektstärke nicht wie bei allen anderen Fragen ermittelt werden. Der Mittelwert der Antworten beträgt 4, genau wie bei Frage 15. Daher soll hierfür auch die gleiche Effektstärke, nämlich 0,67 angenommen werden. Dies führt zu mittleren Effekten (> 0,5) hinsichtlich des Betriebsklimas und der Kommunikation.

In Bezug auf die Auswirkungen auf die Motivation der Befragten liegt die ermittelte Effektstärke bei 0,15. Hier wird demnach kein kleiner Effekt nach Cohen (> 0,2) erreicht.

Zur Ermittlung des geschätzten Nutzens wird Formel 6 (Berechnung des Bruttonutzens) angewendet. Die Effektstärke d_t beträgt zu Frage 13, wie beschrieben, 0,23. Das durchschnittliche Jahres-Bruttogehalt eines Beschäftigten bei der Stadt S beträgt 33.800,00 Euro. Nach der 40-%-Regel lässt sich eine durchschnittliche Standardabweichung (SD_y) der Leistung von 13.520,00 Euro ermitteln. Hinsichtlich der gemeinsamen Beziehung (A) zwischen Arbeitszufriedenheit und der Arbeitsleistung hat sich in einer Metaanalyse ein niedrigster Wert von 0,37 ergeben, also eine gemeinsame Varianz von 14 %.[178] An der Betriebssportgruppe nehmen durchschnittlich 10 Personen teil, beim Business Yoga haben insgesamt 18 Personen teilgenommen. Hinsichtlich der Effektdauer liegen keine Angaben vor, daher wird ein Jahr, also ein Wert von eins, angenommen. Die Effektdau-

[176] Vgl. *Döring, N., Bortz, J.*, Forschungsmethoden, 2016, S. 819 f.
[177] Vgl. *Fritz, S.*, Effekte betrieblicher Gesundheitsförderung, 2009, S. 117.
[178] Vgl. *Fritz, S.*, Effekte betrieblicher Gesundheitsförderung, 2009, S. 117 f.

er bleibt damit praktisch unberücksichtigt. Der geschätzte Bruttonutzen entspricht hier 12.189,63 Euro.

Für das Betriebsklima beträgt die Effektstärke d_t 0,67. Die Werte SD_y, N und t bleiben hier und für die folgenden beiden Faktoren Kommunikation und Motivation unverändert. Hinsichtlich der gemeinsamen Beziehung zwischen Betriebsklima und Arbeitsleistung konnten in der Literatur keine genauen Angaben gefunden werden. Einerseits wird zwar davon ausgegangen, dass ein gutes Betriebsklima zu einer steigenden Leistungsbereitschaft führt,[179] andererseits konnte in Studien festgestellt werden, dass der Zusammenhang geringer ist als vermutet.[180] Bienert, Drupp und Kirschbaum stellen in einer Untersuchung fest, dass das Betriebsklima einen Einfluss von r = 0,36, also eine gemeinsame Varianz von 13 % ($0,36^2$), auf das Mitarbeiterengagement hat.[181] Auch dieser Wert soll für die vorliegende Arbeit angenommen werden. Der geschätzte Bruttonutzen beträgt demnach hier 32.972,58 Euro.

Bezüglich der Auswirkungen auf die Kommunikation (Frage 15) wurde eine Effektstärke d_t von 0,67 gemessen. Hinsichtlich der Korrelation von Kommunikation und Arbeitsleistung konnten erneut keine Angaben in der Literatur vorgefunden werden. Um hier in der Wertigkeit keine Unterscheidung zwischen dem Betriebsklima, der Arbeitszufriedenheit aus Frage 13 und der Kommunikation treffen zu müssen, wird ebenso ein Einfluss von r = 0.36, also eine gemeinsame Varianz von 13 % angenommen. Der geschätzte Bruttonutzen beträgt hier 32.972,58 Euro.

Auf eine Messung des Nutzens der verbesserten Motivation wird an dieser Stelle verzichtet, da keine signifikanten Änderungen festgestellt werden konnten; nur ein Befragter gab eine Verbesserung an, die Effektstärke liegt bei 0,15. Der Nutzen fließt mit dem Wert 0 ein.[182]

Um den Gesamtbruttonutzen zu erhalten, sind für die jeweiligen Einzelwerte (Arbeitszufriedenheit, Betriebsklima, Kommunikation und Motivation) die Mittelwerte zu bilden. Der Mittelwert des Bruttonutzens von 12.189,63 Euro, 32.972,58 Euro, 32.972,58 Euro und 0,00 Euro beträgt 19.533,70 Euro.

[179] Vgl. *Winter, W., Grünewald, C.*, Arbeitgeberattraktivität, 2016, S. 233 f.
[180] Vgl. *Preisendörfer, P.*, Organisationssoziologie, 2016, S. 138.
[181] Vgl. *Bienert, M. L., Drupp, M., Kirschbaum, V.*, Gesundheitsmanagement, 2009, S. 161.
[182] Vgl. *Fritz, S.*, Ökonomischer Nutzen, 2006, S. 118.

Im nächsten Schritt sind die Kosten der Maßnahmen Business Yoga und Betriebssportgruppe zu ermitteln. Hierbei handelt es sich um Informationen, die von der Stadt S zur
Verfügung gestellt wurden. Die Daten wurden teilweise nur als Summe mitgeteilt, da es
sich bei Kosten um einen sensiblen Bereich handelt.[183]

Für das Business Yoga sind für die Stadt nur Kosten in Höhe von 60,59 Euro angefallen, die für einen Snack während des Kurses ausgegeben wurden. Die Kosten für den
Yogalehrer wurden von den Teilnehmern beglichen. Die Maßnahme war außerdem keine Arbeitszeit und wurde deshalb auch nicht vergütet. Betriebskosten für die Nutzung
eines Raumes des Rathauses für eine Stunde wurden nicht hinzugezogen, da sie laut der
Stadt ohnehin anfallen und nicht ins Gewicht fallen würden.

Die Betriebssportgruppe nutzt eine städtische Sporthalle. Die Kosten, die für eine ein-
stündige Nutzung eines Drittels der Sporthalle anfallen, sind der Stadt S nicht bekannt.
Würde sie angemietet werden, würden 22,00 Euro pro Stunde als Benutzungsentgelt anfallen. Solche Gebühren sollen die anfallenden Kosten decken und nicht übersteigen, §
6 Abs. 1 KAG NRW (kurz § 6 I KAG). Daher kann für diese Arbeit auch nur mit diesem Wert als Kosten gerechnet werden, obwohl er höchstwahrscheinlich zu niedrig be-
messen ist. Für die zweistündige Betriebssportgruppe fallen demnach 44,00 Euro pro
Woche statt. Da in den Schulferien kein Zutritt möglich ist, wird von durchschnittlich
38 Nutzungen im Jahr ausgegangen. Für das Jahr 2015 (Nutzung ab August) fallen bei
17 Nutzungen demnach 748,00 Euro an. Für das Jahr 2016 wird von Kosten in der Höhe
von 1.672,00 Euro bei 38 Nutzungen im Jahr ausgegangen. Im Jahr 2017 fand die Betriebssportgruppe bis zum Zeitpunkt der Interviews 21 mal statt. Dies führt zu Kosten
von 924,00 Euro. Ansonsten wird die Teilnahme ebenfalls nicht vergütet, sie findet außerhalb der Arbeitszeiten statt. Hier sind demnach bis zum Beginn der Interviews Kosten in der Höhe von 3.344,00 Euro angefallen.

Die Gesamtkosten berechnen sich durch die Addition der Kosten für das Business Yoga
(60,59 Euro) und jenen für die Betriebssportgruppe (3.344,00 Euro). Sie betragen demnach 3.404,59 Euro.

---

[183] Vgl. *Fritz, S.*, Ökonomischer Nutzen, 2006, S. 118.

Der geschätzte Nettonutzen errechnet sich durch den Bruttonutzen abzüglich der Kosten der Maßnahmen und beträgt 16.129,11 Euro.

Daraus resultiert, dass jeder investierte Euro 4,73 Euro einbringt (ROI von 1:4,7), dieser Betrag steht dem Unternehmen jedoch nicht in bar zur Verfügung.

6 Fazit

Die vorliegende Arbeit zeigt, dass das BGM im Zuge der demografischen Entwicklung an Relevanz gewinnt. In Zeiten älter werdender Belegschaften muss der Arbeitgeber dafür sorgen, dass seine Beschäftigten arbeitsfähig bleiben, damit die krankheitsbedingten Fehlzeiten möglichst gering gehalten werden können. Hierzu kann das BGM beitragen.

Aber nicht nur hinsichtlich des Gesundheitsaspektes können Effekte erzielt werden. Neue Generationen wechseln häufiger ihre Arbeitgeber, wünschen sich ein besseres Betriebsklima oder andere, sogenannte weiche Faktoren. Hier können die Effekte von der Gewinnung von neuem Personal bis hin zu verringerter Fluktuation im Unternehmen führen.

Durch die erhöhte Relevanz des BGM steigt auch die Anzahl der Anbieter von BGM Maßnahmen. Ob durchgeführte Maßnahmen wirkungsvoll sind, kann jedoch ohne (wissenschaftliche) Überprüfung nicht festgestellt werden. Ein bloßer Blick auf die Krankenstatistik, die in jedem Unternehmen ohnehin vorliegen dürfte, reicht in der Regel nicht aus. Vielmehr sind die Maßnahmen zu evaluieren, was einen erheblichen Aufwand bedeutet, der von vielen Unternehmen nicht ohne externe Hilfe zu schaffen sein dürfte. Zwar lassen sich mithilfe von (harten) Kennzahlen bereits ohne großen Aufwand erste Erkenntnisse ermitteln, die dann mit anderen Jahren verglichen werden können. Diese Angaben alleine reichen allerdings nicht aus. Vielmehr sind die Teilnehmer der Maßnahmen auf einzelne Aspekte hin zu befragen, beispielsweise durch Interviews oder Fragebögen.

In dieser Arbeit wurde eine erste Evaluierung zweier Maßnahmen durchgeführt. Die erhobenen sechs Interviews führen u. a. zu Ergebnissen, die für die Kosten-Nutzen-Analyse verwendet werden können.

So konnte zur ersten Forschungsfrage der Nutzen ermittelt werden. Dieser war zunächst in der Krankenstatistik nicht zu erkennen, da sich die krankheitsbedingten Fehlzeiten nicht verringert haben. Die Interviews haben aber gezeigt, die Teilnehmer Maßnahmen und Übungen kennen sofern sie Probleme bekommen bzw. positive Auswirkungen wegen der Bewegung verspüren. Hinsichtlich der genannten weichen Faktoren konnte ein positiver Nutzen ebenso festgestellt werden.

Bezüglich der Kosten, die in der zweiten Forschungsfrage thematisiert wurden, konnte festgestellt werden, dass insgesamt rund 3.400 Euro angefallen sind. Diese vorliegenden Ergebnisse konnten für die Kosten-Nutzen-Analyse verwendet werden.

Für genauere Untersuchungen müssten allerdings mehr Teilnehmer der Maßnahmen befragt werden, was den Rahmen dieser Arbeit allerdings aufgrund der Fokussierung auf Interviews gesprengt hätte. Für kommende Evaluationen würde sich eine Kombination aus Interviews und Fragebögen anbieten. Im besten Fall werden Teilnehmer vor und nach den Maßnahmen befragt, was auch hier nicht möglich war.

Dennoch zeigt sich in der Kosten-Nutzen-Analyse, dass ein positiver Nutzen erreicht wurde. Eine genaue Einordnung fällt allerdings wegen nicht genau bekannten Kosten für die Betriebssportgruppe schwer.

Unabhängig von der geldwerten Betrachtung zeigt sich, dass die Teilnehmer Verbesserungen durch die Maßnahmen verspürten. Diese waren zwar nicht unbedingt im gesundheitlichen Bereich zu verzeichnen (krankheitsbedingte Fehlzeiten konnten bei den Befragten durch das BGM nicht verringert werden), es ergaben sich aber vor allem positive Auswirkungen auf andere Faktoren. Die Erhebung von Interviews hat sich somit bereits gelohnt. Sie zeigt auf, in welchen Bereichen (deutliche) Verbesserungen zu verzeichnen sind, beispielsweise beim Betriebsklima und bei der Kommunikation. Als zusätzliche Motivation können die Maßnahmen allerdings nicht bezeichnet werden.

Abschließend soll diese Arbeit mit einem Zitat von Herophilos, der bereits 300 v. Chr. erkannt hat, wie wichtig Gesundheit ist.

„Wo Gesundheit fehlt, kann Weisheit nicht offenbar werden, Kunst kann keinen Ausdruck finden, Stärke kann nicht kämpfen, Reichtum wird wertlos und Klugheit kann nicht angewandt werden".

Anhang

Anhang I: Interviewleitfaden

1. In welcher Position sind Sie bei der Stadt S beschäftigt?

2. Wie alt sind Sie?

3. An welchen Maßnahmen des BGM haben Sie bisher teilgenommen?

4. Gibt es Belastungen oder haben Sie Probleme an Ihrem Arbeitsplatz?

5. Wie schätzen Sie Ihre derzeitige Arbeitsfähigkeit in Bezug auf körperliche Arbeitsanforderungen ein?

6. Wie schätzen Sie Ihre derzeitige Arbeitsfähigkeit in Bezug auf psychische Arbeitsanforderungen ein?

7. Hatten Sie gesundheitliche Probleme bevor Sie an Maßnahmen des BGM teilgenommen haben?

8. Haben sich Ihre krankheitsbedingten Fehlzeiten durch das Angebot im Rahmen des BGM verändert?

9. Glauben Sie, dass Sie, ausgehend von Ihrem jetzigen Gesundheitszustand, Ihre derzeitige Arbeit auch in den nächsten Jahren ausüben können?

10. Was tun Sie zu Ihrer eigenen Gesunderhaltung und Entspannung?

11. Würden Sie sagen, dass die Teilnahme an der BGM-Maßnahme für Sie auch anderweitige Effekte, abgesehen von den Auswirkungen auf den Gesundheitszustand, hatten oder haben?

12. Hat sich Ihre Sicht auf die Stadt S als Arbeitgeber durch das Angebot im Rahmen des BGM verändert?

13. Würden Sie sagen, dass Sie nun lieber für die Stadt S arbeiten?

Skala:	[ ] trifft überhaupt nicht zu	[ ] trifft nicht zu
[ ] keine Auswirkung	[ ] lieber	[ ] viel lieber

14. Hat sich aus Ihrer Sicht das Betriebsklima durch das BGM verändert?

Skala:	[ ] stark verschlechtert	[ ] verschlechtert
[ ] keine Auswirkung	[ ] verbessert	[ ] stark verbessert

15. Hat sich aus Ihrer Sicht die Kommunikation durch das BGM verändert?

Skala:	[ ] stark verschlechtert	[ ] verschlechtert
[ ] keine Auswirkung	[ ] verbessert	[ ] stark verbessert

16. Arbeiten Sie seit Ihrer Teilnahme motivierter bzw. gehen Sie motivierter zur Arbeit?

Skala:	[ ] viel geringere Motivation	[ ] geringere Motivation
[ ] keine Auswirkung	[ ] erhöhte Motivation	[ ] stark erhöhte Motivation

Anhang VIII: Kategoriensystem

	Kategorienbe-zeichnung	Definition	Ankerbeispiel [fallen wegen Anonymisierung weg]	Codierregel
OK 1	Allgemeines zur Person	Persönliche Angaben des Interviewten, wie Position bei der Stadt S, Alter und die Angabe über Maßnahmen des BGM, an denen sie teilgenommen haben		
UK 1.1	Persönliches	Alter und hierarchische Position bei der Stadt S		
UK 1.2	Maßnahmen	Maßnahmen des BGM, an denen die Interviewten teilgenommen haben		Hierzu zählen alle Maßnahmen, die von der Stadt S im Rahmen des BGM angeboten wurden bzw. werden.
OK 2	Angaben zum Gesundheitszustand	Aussagen zur physischen und psychischen Befindlichkeit des Befragten, welche sich auf bestehende Belastungen		

		am Arbeitsplatz, die Arbeitsfähigkeit, Auswirkungen des BGM auf die Probleme bzw. Belastungen und die krankheitsbedingten Fehlzeiten beziehen		
UK 2.1	Arbeitsplatzbezogene Herausforderungen	Belastungen und gesundheitliche Probleme, die am Arbeitsplatz entstehen und infolgedessen zu krankbedingten Abwesenheiten führen bzw. eine Ausübung der Arbeit in den nächsten Jahren möglicherweise verhindern können		
UK 2.2	Leistungsfähigkeit am Arbeitsplatz	Die körperlichen und geistigen Fähigkeiten, die dazu beitragen, die zu erledigende Arbeit zu absolvieren		
UK 2.3	Eigene Initiative zur Sicherstellung des Gesundheitszu-	Eigene Maßnahmen die ergriffen werden um die Gesundheit zu erhalten oder zu		Alle Maßnahmen, die nicht von Seiten des Arbeitgebers im Rahmen

	stands	fördern		des BGM organisiert werden
OK 3	Auswirkungen auf andere Faktoren	Hierunter fallen alle genannten Aspekte und Auswirkungen, die nicht den Gesundheitszustand betreffen		
UK 3.1	Anderweitige Effekte	Unter diese Kreativfrage fallen die Äußerungen, die der Befragte ohne spezielle Nennung des Interviewers trifft		
UK 3.2	Arbeitgeberattraktivität	Inwieweit haben die angebotenen Maßnahmen dazu beigetragen, dass sich die Sichtweise auf die Stadt S als Arbeitgeberin verändert hat		
UK 3.3	Persönliche Erfahrungen mit betriebsbezogenen Faktoren	Unter den betriebsbezogenen Faktoren zählen hier die Kommunikation, das Betriebsklima und die Motivation der Beschäftigten. Hierunter fallen alle Er-		

		fahrungen, die die Betroffenen gesammelt haben		

Anhang X: Berechnungen

Erläuterung zu Punkteangaben

Stark verschlechtert	1 Punkt
Verschlechtert	2 Punkte
Keine Auswirkungen	3 Punkte
Verbessert	4 Punkte
Stark verbessert	5 Punkte

Frage 13

Punkteangaben	3
	3
	3
	3
	4
	4
Mittelwert	3,33

(Mittelwert - "Keine Auswirkungen", also

Positive Veränderung   0,33   3)

Anteil der Veränd. in
% $0,33 = y \%$
$3,0 = 100 \%$
$y = (0,33 \times 100 \%) / 3 =$ **11,00%**

Standardabweichung   0,47

(Anteil der Veränd. in % : Standardab-

Effektstärke   **0,23** weichung

Frage 14

Punkteangaben	4
	4
	4
	4
	4
	4
Mittelwert	4,00
Positive Veränderung	1,00

Anteil der Veränd. in
% $1 = y \%$
$3,0 = 100 \%$
$y = (1 \times 100 \%) / 3 =$ **33,33%**

Standardabweichung   0,00

Effektstärke   **#DIV/0!**

Frage 15
Punkteangaben   4
                            4
                            4
                            5
                            3,5
                            3,5
Mittelwert   4,00
Positive Veränderung   1,00
Anteil der Veränd. in
%   1 = y %
          3,0 = 100 %
          y = (1 x 100 %) / 3 =   **33,33%**

Standardabweichung   0,50

Effektstärke   **0,67**

Frage 16
Punkteangaben   4
                            3
                            3
                            3
                            3
                            3
Mittelwert   3,17
Positive Veränderung   0,17
Anteil der Veränd. in
%   0,167 = y %
          3,0 = 100 %
          y = (0,167 x 100 %) / 3 =   **5,56%**

Standardabweichung   0,37

Effektstärke   **0,15**

Literaturverzeichnis

Ahlers, Elke (Möglichkeiten und Grenzen BGF, 2014): Möglichkeiten und Grenzen Betrieblicher Gesundheitsförderung aus Sicht einer arbeitnehmerorientierten Wissenschaft, in: *Badura, Bernhard, Ducki, Antje, Schröder, Helmut, Klose, Joachim, Meyer, Markus* (Hrsg.), Fehlzeiten-Report 2014: Erfolgreiche Unternehmen von morgen - gesunde Zukunft heute gestalten: Zahlen, Daten, Analysen aus allen Branchen der Wirtschaft, 2014, S. 35–43

Aldana, Steven G. (Financial impact, 2001): Financial impact of health promotion programs: A comprehensive review of the literature, in: American journal of health promotion 15 (2001), Heft 5, S. 296–320

Altgeld, Thomas (Stellenwert des BGM, 2014): Zukünftiger Stellenwert des Betrieblichen Gesundheitsmanagements, in: *Badura, Bernhard, Ducki, Antje, Schröder, Helmut, Klose, Joachim, Meyer, Markus* (Hrsg.), Fehlzeiten-Report 2014: Erfolgreiche Unternehmen von morgen - gesunde Zukunft heute gestalten: Zahlen, Daten, Analysen aus allen Branchen der Wirtschaft, 2014, S. 299–309

App, Stefanie, Büttgen, Marion, Pröpster, Stefanie (Arbeitgeberattraktivität, 2012): Erhöht BGM die Arbeitgeberattraktivität, in: PERSONALquarterly 2012 (2012), Heft 03, S. 16–22

Bachmann, Peter (Controlling, 2009): Controlling für die öffentliche Verwaltung: Grundlagen, Verfahrensweisen, Einsatzgebiete, 2. Auflage, Wiesbaden: Gabler, 2009

Badura, Bernhard, Ducki, Antje, Schröder, Helmut, Klose, Joachim, Meyer, Markus (Hrsg.) (Fehlzeiten-Report 2014, 2014): Fehlzeiten-Report 2014: Erfolgreiche Unternehmen von morgen - gesunde Zukunft heute gestalten: Zahlen, Daten, Analysen aus allen Branchen der Wirtschaft, Berlin/Heidelberg: Springer, 2014

— (Hrsg.) (Fehlzeiten-Report 2016, 2016): Fehlzeiten-Report 2016: Unternehmenskultur und Gesundheit - Herausforderungen und Chancen, Berlin/Heidelberg: Springer, 2016

Badura, Bernhard, Schröder, Helmut, Vetter, Christian (Hrsg.) (Fehlzeiten-Report 2008, 2009): Fehlzeiten-Report 2008: Betriebliches Gesundheitsmanagement: Kosten und Nutzen - Zahlen, Daten, Analysen aus allen Branchen der Wirtschaft, Berlin, Heidelberg: Springer-Verlag Berlin Heidelberg, 2009

Badura, Bernhard, Walter, Uta, Hehlmann, Thomas (Hrsg.) (Betriebliche Gesundheitspolitik, 2010): Betriebliche Gesundheitspolitik: Der Weg zur gesunden Organisation, 2. Auflage, Heidelberg, Neckar: Springer, 2010

Baumann, Egmont (Gesundheitsförderung in einer Stadtverwaltung, 2010): Betriebliche Gesundheitsförderung in einer Stadtverwaltung, in: *Badura, Bernhard, Walter, Uta, Hehlmann, Thomas* (Hrsg.), Betriebliche Gesundheitspolitik: Der Weg zur gesunden Organisation, 2010, S. 193–201

Baumanns, Rolf (Unternehmenserfolg durch BGM, 2009): Unternehmenserfolg durch betriebliches Gesundheitsmanagement: Nutzen für Unternehmen und Mitarbeiter; eine Evaluation, Stuttgart: Ibidem-Verlag, 2009

Baumanns, Rolf, Münch, Eckhard (Erfolg durch Investitionen, 2010): Erfolg durch Investitionen in das Sozialkapital - Ein Fallbeispiel, in: *Badura, Bernhard, Walter, Uta, Hehlmann, Thomas* (Hrsg.), Betriebliche Gesundheitspolitik: Der Weg zur gesunden Organisation, 2010, S. 165–180

Beivers, Andreas (Was ist Gesundheit?, 2014): Was ist Gesundheit und wer soll sie erhalten?, in: *Hahnzog, Simon* (Hrsg.), Betriebliche Gesundheitsförderung: Das Praxishandbuch für den Mittelstand, 2014, S. 13–21

Bienert, Michael Leonhard, Drupp, Michael, Kirschbaum, Volker (Gesundheitsmanagement, 2009): Gesundheitsmanagement und Netzwerkgestütztes Lernen als Erfolgsfaktoren, in: *Badura, Bernhard, Schröder, Helmut, Vetter, Christian* (Hrsg.), Fehlzeiten-Report 2008: Betriebliches Gesundheitsmanagement: Kosten und Nutzen - Zahlen, Daten, Analysen aus allen Branchen der Wirtschaft, 2009, S. 155–162

Blume, Andreas (Arbeitsrechtliche Grundlagen, 2010): Arbeitsrechtliche und arbeitswissenschaftliche Grundlagen, in: *Badura, Bernhard, Walter, Uta, Hehlmann, Thomas* (Hrsg.), Betriebliche Gesundheitspolitik: Der Weg zur gesunden Organisation, 2010, S. 105–132

Bogner, Alexander, Littig, Beate, Menz, Wolfgang (Hrsg.) (Experteninterview, 2005): Das Experteninterview: Theorie, Methode, Anwendung, 2. Auflage, Wiesbaden: VS Verlag für Sozialwissenschaften, 2005

Brandl, Julia, Kugler, Alexandra, Eckardstein, Dudo von (BGF in der Praxis, 2008): Betriebliche Gesundheitsförderung in der Praxis: Wie vorbildlich sind Vorzeigebetriebe?, in: Zeitschrift Führung und Organisation 77 (2008), Heft 04, S. 228–234 (Zugriff: 2017-04-28)

Breyer, Friedrich, Zweifel, Peter, Kifmann, Mathias (Gesundheitsökonomik, 2013): Gesundheitsökonomik, 6. Auflage, Berlin, Heidelberg: Springer Gabler, 2013

Busch, Rolf, AOK Berlin (Hrsg.) (Unternehmensziel, 2004): Unternehmensziel Gesundheit: Betriebliches Gesundheitsmanagement in der Praxis - Bilanz und Perspektiven, München/Mering: Rainer Hampp Verlag, 2004

Chapman, Larry S. (Meta-evaluation, 2005): Meta-evaluation of worksite health promotion economic return studies: 2005 update, in: American journal of health promotion 19 (2005), Heft 6, S. 1–11

Döring, Nicola, Bortz, Jürgen (Forschungsmethoden, 2016): Forschungsmethoden und Evaluation in den Sozial- und Humanwissenschaften, 5. Auflage, Berlin, Heidelberg: Springer Verlag, 2016

Eisenberg, Sonja, Eisenberg, David, Littkemann, Jörn (Personalcontrolling, 2006): Personalcontrolling, in: *Littkemann, Jörn* (Hrsg.), Unternehmenscontrolling: Konzepte, Instrumente, praktische Anwendungen mit durchgängiger Fallstudie, 2006, S. 519–553

Esslinger, Adelheid Susanne, Emmert, Martin, Schöffski, Oliver (Hrsg.) (Betriebliches Gesundheitsmanagement, 2010): Betriebliches Gesundheitsmanagement: Mit gesunden Mitarbeitern zu unternehmerischem Erfolg, Wiesbaden: Gabler, 2010

Flato, Ehrhard, Reinbold-Scheible, Silke (Personalmanagement, 2009): Zukunftsweisendes Personalmanagement: Herausforderung demografischer Wandel - Fachkräfte gewinnen, Talente halten und Erfahrung nutzen - Talente halten - Erfahrung nutzen, München: mi-Wirtschaftsbuch, 2009

Fritz, Sigrun (Ökonomischer Nutzen, 2006): Ökonomischer Nutzen "weicher" Kennzahlen: (Geld-)Wert von Arbeitszufriedenheit und Gesundheit, 2. Auflage, Zürich: vdf, Hochsch.-Verl. an der ETH Zürich, 2006
— (Effekte betrieblicher Gesundheitsförderung, 2009): Wie lassen sich Effekte betrieblicher Gesundheitsförderung in Euro abschätzen? Ergebnisse von Längsschnittuntersuchungen in drei Unternehmen, in: *Badura, Bernhard, Schröder, Helmut, Vetter, Christian* (Hrsg.), Fehlzeiten-Report 2008: Betriebliches Gesundheitsmanagement: Kosten und Nutzen - Zahlen, Daten, Analysen aus allen Branchen der Wirtschaft, 2009, S. 111–120
Froböse, Ingo, Wellmann, Holger, Weber, Andreas (Betriebliche Gesundheitsförderung, 2012): Betriebliche Gesundheitsförderung: Möglichkeiten der betriebswirtschaftlichen Bewertung, 2. Auflage, Wiesbaden: Universum-Verlag, 2012

Ganter, Gundula (Arbeitszufriedenheit, 2009): Arbeitszufriedenheit von Expatriates: Auslandsentsendungen nach China und Korea professionell gestalten, Wiesbaden: Gabler, 2009
Gläser, Jochen, Laudel, Grit (Experteninterviews, 2010): Experteninterviews und qualitative Inhaltsanalyse: Als Instrumente rekonstruierender Untersuchungen, 4. Auflage, Wiesbaden: VS Verlag für Sozialwissenschaften, 2010
Göke, Michael, Heupel, Thomas (Hrsg.) (Implikation des demografischen Wandels, 2013): Wirtschaftliche Implikationen des demografischen Wandels: Herausforderungen und Lösungsansätze, Wiesbaden: Springer Gabler, 2013

Hahnzog, Simon (Hrsg.) (Betriebliche, 2014): Betriebliche Gesundheitsförderung: Das Praxishandbuch für den Mittelstand, Wiesbaden: Springer Gabler, 2014
Hannig, Manfred, Bacher, Inga (Kleinbetriebe, 2016): Sicher, gesund und motiviert im Kleinbetrieb, in: *Pfannstiel, Mario A.* (Hrsg.), Betriebliches Gesundheitsmanagement, 2016, S. 21–32
Hesse, Gero, Mattmüller, Roland (Hrsg.) (Perspektivwechsel, 2015): Perspektivwechsel im Employer Branding: Neue Ansätze für die Generationen Y und Z, Wiesbaden: Gabler, 2015
Hey, Patrick (Personalmarketing, 2014): Betriebliche Gesundheitsförderung führt zu erfolgreichem Personalmarketing, in: *Hahnzog, Simon* (Hrsg.), Betriebliche Gesundheitsförderung: Das Praxishandbuch für den Mittelstand, 2014, S. 51–58

Jancik, Jürgen M. (Betriebliches Gesundheitsmanagement, 2002): Betriebliches Gesundheitsmanagement: Produktivität fördern, Mitarbeiter binden, Kosten senken, Wiesbaden: Gabler Verlag, 2002
Jastrow, Birgit, Kaiser, Harald, Emmert, Martin (Ökonomische Aspekte, 2010): Betriebliches Eingliederungsmanagement: Grundlagen und ökonomische Aspekte, in: *Esslinger, Adelheid Susanne, Emmert, Martin, Schöffski, Oliver* (Hrsg.), Betriebliches Gesundheitsmanagement: Mit gesunden Mitarbeitern zu unternehmerischem Erfolg, 2010, S. 133–155

Klein, Andreas (Hrsg.) (Controlling-Instrumente, 2012): Controlling-Instrumente für modernes Human Resource Management, München: Haufe-Lexware, 2012
Klingler, Urs (Personalkennzahlen, 2005): 100 Personalkennzahlen, Wiesbaden: Cometis, 2005

König, Andrea, Holzer, Nadine, Kaiser, Jürgen (Alternde Belegschaften, 2010): Mitarbeiterführung in alternden Belegschaften, in: *Esslinger, Adelheid Susanne, Emmert, Martin, Schöffski, Oliver* (Hrsg.), Betriebliches Gesundheitsmanagement: Mit gesunden Mitarbeitern zu unternehmerischem Erfolg, 2010, S. 114–132

Koop, Michael, Potratz, Ulrike (Betriebliches Gesundheitsmanagement, 2015): Betriebliches Gesundheitsmanagement: Ein Leitfaden für kommunale und öffentliche Verwaltungen, Hamburg: Maximilian Verlag, 2015

Kramer, Ina, Sockoll, Ina, Bödeker, Wolfgang (Evidenzbasis für BGF, 2009): Die Evidenzbasis für betriebliche Gesundheitsförderung und Prävention – Eine Synopse des wissenschaftlichen Kenntnisstandes, in: *Badura, Bernhard, Schröder, Helmut, Vetter, Christian* (Hrsg.), Fehlzeiten-Report 2008: Betriebliches Gesundheitsmanagement: Kosten und Nutzen - Zahlen, Daten, Analysen aus allen Branchen der Wirtschaft, 2009, S. 65–76

Lachnit, Laurenz, Müller, Stefan (Unternehmenscontrolling, 2012): Unternehmenscontrolling: Managementunterstützung bei Erfolgs-, Finanz-, Risiko- und Erfolgspotenzialsteuerung, 2. Auflage, Wiesbaden: Springer Gabler, 2012

Latzel, Jana, Düring, Uta-Michaela, Peters, Kai, Weers, Jan-Philipp (Marke, 2015): Marke und Branding, in: *Hesse, Gero, Mattmüller, Roland* (Hrsg.), Perspektivwechsel im Employer Branding: Neue Ansätze für die Generationen Y und Z, 2015, S. 17–51

Liersch, Sebastian (Gesundheitsökonomische Bewertung, 2016): Gesundheitsökonomische Bewertung von Präventionsmaßnahmen: Eine Markov-Modellierung zur Analyse der Kosten-Effektivität juveniler Bewegungsförderung, Wiesbaden: Gabler, 2016

Lisges, Guido, Schübbe, Fred (Praxishandbuch Personalcontrolling, 2014): Praxishandbuch Personalcontrolling: Kennzahlen - Daten - Reportings, 4. Auflage, Freiburg: Haufe, 2014

Littkemann, Jörn (Hrsg.) (Unternehmenscontrolling, 2006): Unternehmenscontrolling: Konzepte, Instrumente, praktische Anwendungen mit durchgängiger Fallstudie, Herne/Berlin: Verlag Neue Wirtschafts-Briefe, 2006

Lück, Patricia, Eberl, Gudrun, Bonitz, Dieter (Nutzen von BGM, 2009): Der Nutzen des betrieblichen Gesundheitsmanagements aus Sicht von Unternehmen, in: *Badura, Bernhard, Schröder, Helmut, Vetter, Christian* (Hrsg.), Fehlzeiten-Report 2008: Betriebliches Gesundheitsmanagement: Kosten und Nutzen - Zahlen, Daten, Analysen aus allen Branchen der Wirtschaft, 2009, S. 77–84

Luick, Rainer S. (Körperliche Belastung am Arbeitsplatz, 2014): Körperliche Belastung am Arbeitsplatz und ihre Folgen, in: *Hahnzog, Simon* (Hrsg.), Betriebliche Gesundheitsförderung: Das Praxishandbuch für den Mittelstand, 2014, S. 189–199

Mattmüller, Roland, Buschmann, Andrea (Marketing, 2015): Marketing: Das Management aller Zielgruppen, in: *Hesse, Gero, Mattmüller, Roland* (Hrsg.), Perspektivwechsel im Employer Branding: Neue Ansätze für die Generationen Y und Z, 2015, S. 1–16

Mayring, Philipp (Qualitative Inhaltsanalyse, 2008): Qualitative Inhaltsanalyse: Grundlagen und Techniken, 10. Auflage, Weinheim/Basel: Beltz, 2008

Meuser, Michael, Nagel, Ulrike (Experteninterviews, 2005): ExpertInneninterviews - vielfach erprobt, wenig bedacht: Ein Beitrag zur qualitativen Methodendiskussion, in: *Bogner, Alexander, Littig, Beate, Menz, Wolfgang* (Hrsg.), Das Experteninterview: Theorie, Methode, Anwendung, 2005, S. 71–93

Meyer, Markus, Meschede, Miriam (Krankheitsbedingte Fehlzeiten, 2016): Krankheitsbedingte Fehlzeiten in der deutschen Wirtschaft im Jahre 2015, in: *Badura, Bernhard, Ducki, Antje, Schröder, Helmut, Klose, Joachim, Meyer, Markus* (Hrsg.), Fehlzeiten-Report 2016: Unternehmenskultur und Gesundheit - Herausforderungen und Chancen, 2016, S. 251–454

Pfannstiel, Mario A. (Hrsg.) (Betriebliches, 2016): Betriebliches Gesundheitsmanagement: Springer Fachmedien Wiesbaden, 2016

Phillips, Jack J., Schirmer, Frank C. (Return on Investment, 2008): Return on Investment in der Personalentwicklung: Der 5-Stufen-Evaluationsprozess, 2. Auflage, Berlin: Springer Verlag, 2008

Porst, Rolf (Fragebogen, 2014): Fragebogen: Ein Arbeitsbuch, 4. Auflage, Wiesbaden: Springer Fachmedien Wiesbaden, 2014

Potuschek, Gerhard, Karl, Florian (Begleitung bei BGF, 2014): Begleitung bei der Betrieblichen Gesundheitsförderung durch die BARMER GEK, in: *Hahnzog, Simon* (Hrsg.), Betriebliche Gesundheitsförderung: Das Praxishandbuch für den Mittelstand, 2014, S. 23–35

Preisendörfer, Peter (Organisationssoziologie, 2016): Organisationssoziologie: Grundlagen, Theorien und Problemstellungen, 4. Auflage, Wiesbaden: Springer VS, 2016

Richenhagen, Gottfried (Demografischer Wandel, 2006): Demografischer Wandel in der Arbeitswelt - Stand und Perspektiven in Deutschland, in: G&S Gesundheits- und Sozialpolitik 60 (2006), 5-6, S. 53–58

Sander, Evelina (Demografie, 2014): Demografie: Ein neues personalpolitisches Thema oder bereits ein alter Hut?, in: PERSONALquarterly 2014 (2014), Heft 03, S. 28–35

Schmeisser, Wilhelm, Sobierajczyk, Patrick, Zinn, Anastasia (Personalcontrolling, 2014): Personalcontrolling, Konstanz/München: UVK-Verlagsgesellschaft mbH, 2014

Schraub, Eva Maria, Stegmaier, Ralf, Sonntag, Karlheinz, Büch, Veronika, Michaelis, Björn, Spellenberg, Ursula (Nutzen eines Gesundheitsmanagements, 2009): Bestimmung des ökonomischen Nutzens eines ganzheitlichen Gesundheitsmanagements, in: *Badura, Bernhard, Schröder, Helmut, Vetter, Christian* (Hrsg.), Fehlzeiten-Report 2008: Betriebliches Gesundheitsmanagement: Kosten und Nutzen - Zahlen, Daten, Analysen aus allen Branchen der Wirtschaft, 2009, S. 101–110

Schübbe, Fred (Kennzahlen im HR-Management, 2012): Kennzahlen im HR-Management definieren, ermitteln und erfolgreich einsetzen, in: *Klein, Andreas* (Hrsg.), Controlling-Instrumente für modernes Human Resource Management, 2012, S. 43–64

Singer, Stefanie (Entstehung BGM, 2010): Entstehung des Betrieblichen Gesundheitsmanagements, in: *Esslinger, Adelheid Susanne, Emmert, Martin, Schöffski, Oliver* (Hrsg.), Betriebliches Gesundheitsmanagement: Mit gesunden Mitarbeitern zu unternehmerischem Erfolg, 2010, S. 25–48

XX

Stasch, Martina (Gesundheitsmanagement, 2004): Gesundheitsmanagement in der Senatsverwaltung für Bildung, Jugend und Sport, in: *Busch, Rolf,* AOK Berlin (Hrsg.), Unternehmensziel Gesundheit: Betriebliches Gesundheitsmanagement in der Praxis - Bilanz und Perspektiven, 2004, S. 234–241

Statistisches Bundesamt, Wissenschaftszentrum Berlin für Sozialforschung (Datenreport, 2016): Datenreport 2016: Ein Sozialbericht für die Bundesrepublik Deutschland, Bonn: Bundeszentrale für politische Bildung, 2016

Thommen, Jean-Paul (Betriebswirtschaftslehre, 2009): Allgemeine Betriebswirtschaftslehre: Umfassende Einführung aus managementorientierter Sicht, 6. Auflage, Wiesbaden: Gabler, 2009

Thommen, Jean-Paul, Achleitner, Ann-Kristin, Gilbert, Dirk Ulrich, Hachmeister, Dirk, Kaiser, Gernot (Allgemeine BWL, 2017): Allgemeine Betriebswirtschaftslehre: Umfassende Einführung aus managementorientierter Sicht, 8. Auflage, Wiesbaden: Springer Fachmedien Wiesbaden, 2017

Troger, Hermann (Wirksames Personalmanagement, 2016): 7 Erfolgsfaktoren für wirksames Personalmanagement: Antworten auf demografische Entwicklungen und andere Trends, Wiesbaden: Springer Fachmedien Wiesbaden, 2016

Ueberle, Max, Greiner, Wolfgang (Kennzahlenentwicklung, 2010): Kennzahlenentwicklung, in: *Badura, Bernhard, Walter, Uta, Hehlmann, Thomas* (Hrsg.), Betriebliche Gesundheitspolitik: Der Weg zur gesunden Organisation, 2010, S. 253–261

Uhle, Thorsten, Treier, Michael (Betriebliches Gesundheitsmanagement, 2015): Betriebliches Gesundheitsmanagement: Gesundheitsförderung in der Arbeitswelt - Mitarbeiter einbinden, Prozesse gestalten, Erfolge messen, 3. Auflage, Berlin: Springer, 2015

Ulich, Eberhard, Wülser, Marc (Gesundheitsmanagement, 2015): Gesundheitsmanagement in Unternehmen: Arbeitspsychologische Perspektiven, 6. Auflage, Wiesbaden: Springer Gabler, 2015

Walter, Norbert (Europa schrumpft, 2013): Europa schrumpft und altert - oder besser: Hurra, wir werden älter!, in: *Göke, Michael, Heupel, Thomas* (Hrsg.), Wirtschaftliche Implikationen des demografischen Wandels: Herausforderungen und Lösungsansätze, 2013, S. 1–17

Weber, Manfred (Kennzahlen, 2006): Schnelleinstieg Kennzahlen, München: Haufe, 2006

Winter, Werner, Grünewald, Carina (Arbeitgeberattraktivität, 2016): BGM als Stellschraube von Arbeitgeberattraktivität, in: *Badura, Bernhard, Ducki, Antje, Schröder, Helmut, Klose, Joachim, Meyer, Markus* (Hrsg.), Fehlzeiten-Report 2016: Unternehmenskultur und Gesundheit - Herausforderungen und Chancen, 2016, S. 225–235

Zok, Klaus (Stellenwert und Nutzen BGF, 2009): Stellenwert und Nutzen betrieblicher Gesundheitsförderung aus Sicht der Arbeitnehmer, in: *Badura, Bernhard, Schröder, Helmut, Vetter, Christian* (Hrsg.), Fehlzeiten-Report 2008: Betriebliches Gesundheitsmanagement: Kosten und Nutzen - Zahlen, Daten, Analysen aus allen Branchen der Wirtschaft, 2009, S. 85–100

Internetdokumente

AOK (Babyboomer, ohne Datumsangabe): Babyboomer und Gen Y
(ohne Datumsangabe),
http://www.aok-business.de/fileadmin/bgf_fileadmin/bgfonline/downloads/
pdf/bayern/Bayerische_Erwerbst%C3%A4tigenbefragung.pdf
(Zugriff: 2017-02-04, 17:06 MEZ)

Bundesanstalt für Arbeitsschutz und Arbeitsmedizin (Arbeitswelt im Wandel, 2016):
Arbeitswelt im Wandel: Zahlen - Daten - Fakten (Ausgabe 2016) (2016),
https://www.baua.de/DE/Angebote/Publikationen/Praxis/A95.pdf?__blob=publica
tionFile&v=2 (Zugriff: 2017-04-21, 16:39 MESZ)

Seidel, Dirk, Solbach, Thomas, Fehse, Roland, Donker, Ludwig, Elliehausen, Heinz-Jörg (Arbeitsunfälle, 2007): Gesundheitsberichterstattung des Bundes: Heft 38
Arbeitsunfälle und Berufskrankheiten (2007),
https://www.rki.de/DE/Content/Gesundheitsmonitoring/Gesundheitsberichterstatt
ung/GBEDownloadsT/arbeitsunfaelle.pdf?__blob=publicationFile (Zugriff: 2017-04-19, 19:24 MESZ)
Statistisches Bundesamt (Bevölkerung bis 2060, 2015): Bevölkerung Deutschlands bis
2060 - 13. koordinierte Bevölkerungsvorausberechnung (2015),
https://www.destatis.de/DE/Publikationen/Thematisch/Bevoelkerung/Vorausberec
hnungBevoelke-
rung/BevoelkerungDeutschland2060Presse5124204159004.pdf?__blob=publicati
onFile#page=4&zoom=auto,-13,595 (Zugriff: 2017-03-31, 19:12 MESZ)
Statistisches Bundesamt (Höchststände bei Zuwanderung, 2016): 2015: Höchststände
bei Zuwanderung und Wanderungsüberschuss in Deutschland,
https://www.destatis.de/DE/PresseService/Presse/Pressemitteilungen/2016/07/PD
16_246_12421pdf.pdf?__blob=publicationFile (Zugriff: 2017-04-02, 19:44
MESZ)
— (Bevölkerung, 2017): Bevölkerung (2017),
https://www.destatis.de/DE/ZahlenFakten/Indikatoren/LangeReihen/B (Zugriff:
2017-04-02, 12:47 MESZ)

Quellenverzeichnis

Stadt S (Krankenstatistik, 2017) Krankenstatistik und Kennzahlen der Stadt S, 2017